우린 예수님 짜리

가장 비싼 명품에 관한 연구

우린 예수님짜리

초판 1쇄 발행 2009년 10월 30일
초판 6쇄 발행 2025년 9월 19일

지은이 이남하
발행인 김용성
기 획 박찬익
제 작 정준용
보 급 이대성

펴낸곳 요단출판사
등 록 1973. 8. 23. 제13-10호
주 소 07238) 서울특별시 영등포구 국회대로76길 10
기 획 (02)2643-9155
보 급 (02)2643-7290 Fax. (02)2643-1877

구입문의 요단서적 (02) 593-8715 대전서관 (042) 256-2109

값 7,000원
ISBN 978-89-350-1244-2 03230

청소년을 위한 성경공부 교재

우린 예수님짜리

가장 비싼 명품에 관한 연구

이남하 지음

요단

시작하는 말

『예수님짜리』 교재가 나온 지 어언 10여 년이 지났습니다. 그동안 필자가 그 교재를 가지고 여러 번 세미나를 인도했는데, 그때마다 거기 참석한 교회 지도자들이 청소년을 위한 교재의 필요성을 역설하곤 했습니다. 중고생에게 맞는 훈련교재가 꼭 있어야 한다는 것이었습니다. 필자의 대답은 언제나 '여건이 되면…' 이었는데, 이 『우린 예수님짜리』 교재의 출판으로 오랫동안 하지 못한 숙제를 끝낸 느낌입니다.

필자가 이 교재를 집필하게 된 이유는 교회 지도자들의 요청도 있었지만, 청소년기에 성경을 통해 예수 그리스도를 올바로 아는 것의 중요성이 크다고 믿기 때문입니다. 필자는 스물한 살이 되어서야 처음으로 복음을 접하고 예수 그리스도를 믿게 되었으므로 청소년기에 훈련받지 못한 것이 늘 아쉬웠었습니다. 어렸을 때부터 예수님을 알고 교회에서 훈련되었다면 그리스도인의 삶이 더 깊게 몸에 배었을 텐데 … 일찍이 복음을 체계적으로 배웠다면 오랜 방황의 시간을 거치지 않아도 되었을 텐데 … 이런 아쉬움 말입니다. 더 나아가서, 교회에서 자란 청소년 상당수가 대학생이 되면 교회를 떠나는 안타까운 현상을 보며 청소년기에 그리스도를 바로 아는 것의 중요성을 더욱 실감하게 된 것이 결국 이 교재를 쓰도록 했습니다.

예수 그리스도는 그냥 교회를 다닌다고, 또 성경을 공부한다고 저절로 알게 되는 것이 아닙니다. 남녀노소를 불문하고 그리스도를 알고자 하는 진리에 대한 목마름이 있어야 그리스도를 알게 됩니다. 일찍이 청소년기에 이런 목마름이 있다면 그 자체가 크나큰 복이 아닐 수 없습니다. 이 교재는 이렇게 진리에 관심 있는 청소년들을 위한 것입니다. 그러므로 덮어놓고 믿지 않고 신앙에 대한 문제의식을 느끼는 사람은 누구든지 이 교재를 통해 도움을 얻을 수 있을 것입니다.

먼저 이 교재 각 단원의 해당 성경구절을 몇 번씩 읽은 다음, 그 단원의 내용을 깊이 생각하면서 읽고 또 읽으며 문제를 풀어보십시오. 그리고 질문이 생기거나 더 알고 싶은 것이 있으면 적어놓았다가 교회 성경공부 모임에서 다른 사람들의 생각을 들어보고, 지도자의 가르침을 받아 해결하도록 하십시오. 의문 나는 것을 지나치지 말고, 가능한 한 명쾌한 답을 얻도록 하는 것이 중요합니다. 차근차근 교재를 따라가다 보면 성경을 통해 하나님께서 하시는 말씀을 조금씩 더 이해할 수 있게 될 것입니다. 이렇게 하나님 말씀을 바로 깨달아 예수 그리스도를 깊이 아는 청소년들이 앞으로 교회를 이루는 주축이 되어야 합니다. 그렇게 될 때 하나님의 목적이 성취되어 예수 그리스도가 밝히 드러나게 될 것입니다.

목차

서문 예수님짜리?

'예수님짜리' 라는 말이 생소하고 이상하게 들리지요? 하지만 이 말이 실은 아주 멋진 말이랍니다. 예수 그리스도의 사람들의 가치를 이해하기 쉽게 표현한 말로써 예수님께 속한 사람들이 얼마나 귀한 존재인지를 그대로 나타내주는 말이기 때문입니다.

우리는 어떤 물건의 가치를 이야기할 때 그것의 값이 얼마인가로 판가름합니다. 천 원 주고 샀으면 천 원짜리이고, 만 원 주고 샀으면 만 원짜리입니다. 비슷하게 생긴 펜인데 만 원짜리도 있고 몇십 만 원짜리도 있습니다.

몇백 만 원짜리 자동차도 있고 몇천 만 원짜리, 몇억 원짜리 자동차도 있습니다. 그런가 하면 겉보기에는 구별할 수 없을 정도로 똑같이 생겼는데 값비싼 명품 브랜드도 있고 몇십 배 또는 몇 배나 더 싼 짝퉁도 있습니다.

영국의 축구스타 데이비드 베컴의 전성기 때의 상품가치가 대략 10조 원쯤 된다는 연구결과가 나온 적이 있습니다. 그때 대한민국 최고 기업의 상품가치가 그것의 두 배를 넘지 못했었습니다.

이렇게 스타 운동선수 한 사람의 가치는 상상을 초월합니다. 미국의 골프황제 타이거 우즈나 농구스타 르브론 제임스, 또는 우리나라의 박지성이나 김연아 같은 선수들도 상품가치로 따지면 엄청날 것입니다. 그렇다면 예수 그리스도께 속한 사람들의 가치는 어느 정도일까요?

아래의 성경구절들을 찾아 써보십시오.

_요한계시록 5장 9절

_사도행전 20장 28절 하반절

_고린도전서 6장 19~20절

위의 구절들을 토대로 예수님께 속한 사람들이 얼마나 가치 있는지 자신의 말로 간단히 써보십시오.

써보셨습니까? 위의 세 구절에 반복해서 등장하는 표현을 보면 예수님께 속한 사람들의 존재 가치를 금방 알 수 있습니다. 이제 '예수님짜리' 라는 표현이 어디서 나왔는지 짐작이 가지요.

이 교재는 에베소서를 토대로 예수 그리스도의 사람들이 이렇게 귀한 존재라는 것과 그런 존재 가치에 걸맞은 삶을 어떻게 살 수 있는지에 초점을 맞추었습니다. 앞으로 이 교재를 통해 이것에 대해 확인하고 또 교회생활 속에서 경험할 수 있기를 바랍니다. 그럴 때 온갖 장애물과 유혹으로 가득 찬 이 세상에서 흔들리지 않고 그리스도인의 길을 갈 수 있을 것입니다.

간단한 숙제

*이 교재를 시작하기 전에 먼저 에베소서 전체를 한 번 읽으십시오.

01 '예수님짜리'라는 말을 처음 들었을 때 어떤 느낌이었습니까?

_이 말의 뜻을 이해한 지금은 어떻습니까?

02 에베소서의 저자는 누구입니까?

_그는 지금 어디에서 이 편지를 쓰고 있습니까?

_당신이 만일 저자처럼 그런 곳에 있었다면 어떤 편지를 쓸 것 같습니까?

03 이 교재를 시작하기에 앞서 하나님께 드리고 싶은 기도를 써보십시오.

제1단원 복돌이와 복순이

읽을 성경구절 | 에베소서 1장 1~14절

치즈크래커 크리스천

오래전에 있었던 이야기입니다. 영국에 살던 어떤 청년이 먹고 살기가 어려워지자 미국에 가서 직장을 구하기로 결심했습니다. 그래서 가지고 있던 돈을 다 긁어모아 간신히 뉴욕으로 가는 배표를 사고 조금 남은 돈으로 치즈크래커를 잔뜩 샀습니다. 왜냐하면 배를 타고 대서양을 건너는데 일주일 이상 걸리므로 배 안에서 끼니를 때우기 위함이었습니다.

출발 날짜가 되어 배에 올라탄 그는 항해하는 동안 배고플 때마다 치즈크래커를 꺼내 먹었습니다. 그런데 그것도 하루 이틀이지, 사흘이 지나 나흘 내내 치즈크래커만 먹다 보니 그것의 냄새만 맡아도 역겹고, 나중에는 쳐다보기만 해도 지겨워졌습니다. 더욱이 배 안의 식당칸에서 스며 나오는 음식 냄새를 맡을수록 괴롭고, 또 맛있게 식사하는 다른 승객들을 보니 부럽기만 하여 자신의 처지가 너무 처량했습니다. 그래서 그는 참고 참다가 식당 매니저를 찾아갔습니다. 그리고 자기의 사정을 말하고는 시키는 일은 뭐든지 다 할 테니 한 끼만이라도 식사다운 식사를 할 수 있게 해달라고 졸랐습니다. 그때 매니저는 별 희한한 사람 다 봤다는 표정으로 다음과 같이 반문했습니다. "당신이 산 배표에 배 안에서의 식사비까지도 전부 다 포함되어 있다는 사실을 몰랐단 말입니까?"

자신이 '예수님짜리' 라는 것을 알지 못하는 그리스도인들이 스스로에게 물어야 될 질문이 이런 것이 아닐까요? '치즈크래커 크리스천' 도 얼마든지 있을 수 있다는 말입니다.

이 단원의 암송 구절: 에베소서 1장 3절

찬송하리로다 하나님 곧 우리 주 예수 그리스도의 아버지께서 그리스도 안에서 하늘에 속한 모든 신령한 복을 우리에게 주시되

바울은 자신을 "그리스도 예수의 사도"라고 소개하며 편지를 쓰고 있습니다. 사도는 '보내심을 받은 사람' 이라는 뜻입니다. 따라서 복음을 전하고 교회를 세우라고 예수님께서 보내신 일꾼이 바울임을 알 수 있습니다.

이런 목적으로 보내심을 받은 바울은 온갖 고초를 겪으며 수십 년 동안 충성스럽게 주님을 섬겼습니다. 여러 교회를 세우고 그 교회들을 돌보며 필요에 따라 교회들에 편지를 보냈는데, 그중 에

베소서는 그의 말년에 힘든 감옥생활 중에서 쓴 편지입니다(3장 1절, 4장 1절, 그리고 6장 20절을 보면 바울이 옥에 갇혀 있음을 알 수 있습니다).

그런데 사도 바울은 그런 모진 환경에서도 "찬송하리로다"라는 말로 편지를 시작하고 있습니다(1:3). 주님을 위해 충성하다가 감옥에 갇혔는데도 억울해하거나 시험에 들어 불평하기는커녕 너무 감사해서 찬송을 하지 않고는 못 배기는 바울의 모습입니다. 이게 바로 예수님짜리의 삶입니다.

문제 1 에베소서를 쓰기 10여 년 전에도 바울이 감옥에서 찬송한 기록이 성경에 있습니다. 잔뜩 매를 맞고 감옥에 갇혀 차꼬에 매인 상태인데도 한밤중에 기도하고 찬송했습니다. 거기서 바울이 무슨 기도를 했는지는 모르지만 우리는 적어도 그가 하지 않은 기도가 무엇인지는 알 수 있습니다. 바울이 하지 않은 기도가 무엇일지 사도행전 16장 25~30절을 읽고 답하십시오.

문제 2 바울이 하지 않은 기도가 명확하다면 그가 했던 기도를 대략 추측할 수 있을 것입니다. 기도와 찬송을 했다는 기록을 볼 때 그 기도는 분명 주님께 대한 감사의 기도였을 것입니다. 그럼 바울은 무엇을 감사했을까요?

빌립보 감옥에서나 나중에 에베소 감옥에 갇혔을 때나 사도 바울은 자신의 처한 환경에 관계없이 찬송한 것을 확인했습니다. 오늘 우리에게도 이것이 가능할까요? 물론입니다. 바울이 그것을 에베소서 1장 3절에서 명쾌하게 말해주고 있습니다. 하나님께서 우리에게 "신령한 복"을 주셨다는 사실을 분명히 안다면 우리 또한 어떤 상황에서도 하나님께 감사하고 찬송할 수 있습니다.

그런데 여기서 "복"이 무슨 뜻인지를 아는 것이 중요합니다. 그저 이 세상에서 말하는 복을 이야기하고 있지 않습니다. 이것을 이해하는 데는 신약성경이 기록된 그리스어에 그 열쇠가 있습니다. 에베소서 1장 3절의 그리스 원문을 보면 "복"에 관계되는 단어가 세 개 나옵니다. 형용사, 동사, 명사형이 나오는데 이 말의 뜻은 '좋게 말하다'(영어로 bless) 입니다. 우선 1장 3절을 쉽게 이해하면 다음과 같습니다.

하나님을 좋다고(형용사) 말합시다! 그 이유는 하나님께서 우리에게 그리스도 안에서 모든 영적인 좋은 것(명사)을 주시면서 우리를 좋다고 말씀하셨기(동사) 때문입니다.

찬송한다는 것은 하나님께 우리가 '하나님이 너무너무 좋습니다' 라고 말씀드리는 것을 말합니다. 그런데 실은 하나님 또한 우리에게 '너희가 너무너무 좋다' 라고 말씀하십니다. 알고 있습니까? 바로 이것이 복의 개념입니다. 하나님께서 우리를 좋다고 하시는 것! 내가 존경하고 사모하는 사람이 나에게 '네가 좋다' 라고 해도 매우 기쁘고 살 맛이 날 텐데 하물며 온 우주의 주인이신 하나님께서 그렇게 말씀하신다면 어떻겠습니까? 복돌이와 복순이가 따로 없겠지요. 사도 바울이 감옥 안에서도 감사하며 찬송하는 이유를 알 수 있지 않습니까?

문제 3 이런 복에 관계되는 몇 가지 중요한 사실을 아래에 써 보십시오.

01_그 복을 누가 주셨습니까?

______

02_그 복을 어디에서 주셨습니까?

______

03_그 복은 어디에 속한 복입니까?

04_그 복은 어떤 차원의 복입니까?

05_그 복의 분량은 얼마만큼입니까?

하나님께서 주신 복, 즉 하나님께서 우리를 좋다고 하시는 것이 정말 대단하다는 것을 알 수 있지 않습니까? 그런데 이 엄청난 복이 이미 우리에게 임했다는 것입니다. 예수 그리스도를 주님으로 모시는 순간 이런 복이 우리의 것이 되었다는 사실입니다. 문제는 사도 바울처럼 이것을 알고 경험해서 어떤 환경도 극복하며 예수님짜리의 삶을 살고 있느냐 하는 것입니다.

요즈음 컴퓨터나 휴대폰 같은 것을 가진 사람이 많은데, 그것들의 기능을 전부 다 사용하는 사람은 생각보다 적은 것 같습니다. 고성능 컴퓨터나 휴대폰을 소유했으면서도 정작 10분지 1, 아니 100분지 1의 기능도 사용하지 않는 경우가 많습니다. 왜 그렇습니까? 안내서를 제대로 읽지 않고 늘 해오던 대로 당장 필요한 기능만 사용하기 때문일 것입니다.

이렇게 소유와 실지 경험 사이에 차이가 있을 수 있듯이 예수님짜리도 자신이 받은 복을 제대로 알고 있지 못하면 그만큼 경험할 수 없습니다. 이 단원 맨 앞의 이야기에 나오는 '치즈크래커 크리스천' 이 바로 그런 사람들을 예로 든 것입니다. 이것은 마치 디즈니랜드나 에버랜드 같은 놀이공원에 자유이용권을 사 가지고 들어가서는 의자에 앉아 있거나 이런저런 구경만 하는 것과 마찬가지입니다.

예수님을 믿는다는 것이 무엇인지에 대해 제대로 안내받는 것이 왜 중요한지를 알 수 있겠지요? 에베소서는 우리에게 그런 역할을 해주기에 충분합니다. 앞으로 에베소서를 따라가면서 예수님짜리가 얼마나 대단한 존재인가를 알고 또 그것을 실지로 경험할 수 있기를 바랍니다.

그럼 하나님께서 주신 복이 얼마나 엄청난 것인지 맛보기를 시작하겠습니다. 이 복은 수준이 아주 높은 "하늘에 속한" 복입니다. 땅의 수준이 아니라는 말입니다. 땅에 있는 것들은 전부 잠깐 있다가 사라지는 믿을 수 없는 것들이지만 하늘에 속한 것은 영원하므로 절대 신뢰할 만합니다. 이 복이 이 세상이 아닌 하늘에 속했음을 다음의 표현들을 보면 알 수 있습니다.

1:4 창세 전에 … 우리를 택하사 … 그 앞에 거룩하고 흠이 없게 …
1:5 자기의 아들들이 되게 하셨으니
1:11 그 안에서 기업이 되었으니
1:13 약속의 성령으로 인치심을 받았으니

전부 다 이 땅의 차원이 아닌 하늘 차원의 이야기 아닙니까? 그래서 바울이 "신령한 복"이라고 한 것입니다. 육적인 것이 아니고 영적인 차원의 것, 즉 이 세상은 우리에게 줄 수 없는 것입니다. 이 복은 이 세상이 창조되기도 전에("창세 전에") 하나님께서 계획하신 그것이 우리에게 이루어져서 지금부터 영원히 우리가 경험하게 될 복입니다(1:11). 이 복은 "비밀"과 "경륜"이라는 말과 관계가 있는데(1:9) 이것에 대해서는 에베소서 3장을 공부할 때 자세히 다룰 것입니다.

문제 4 이제 예수 그리스도를 주님으로 모신 사람이 있는 곳, 즉 예수님짜리의 현주소는 이 세상이 아니라 따로 있습니다. 그래서 사도 바울은 이것을 표현만 조금씩 바꿔가면서 계속 언급하고 있습니다. 아래에 이것을 써보십시오.

_1:3, 4, 7, 9, 11, 12

_1:6

_1:11, 13

우리가 지금 이 세상에 살고 있지만 실은 위의 주소가 우리의 실지 소재지입니다. 하나님과 영원토록 함께 있음을 그렇게 표현한 것입니다. 그러니 사도 바울은 자신의 현주소를 분명히 알므로 어떤 환경에 처해도, 그곳이 감옥 안이라 할지라도 감사와 찬송을 할 수 있었습니다. 하늘과 땅이 여기서 만나 통일되기 때문입니다(1:10). 우리도 이것을 분명히 알면 바울처럼 경험하며 살 수 있습니다. 이것이 예수님짜리가 받은 복입니다.

하나님께서 이런 복을 "자기의 아들들"(1:5)로 삼으신 존재에게 쩨쩨하게 주시지 않습니다. 하늘에 속한 "모든" 복을 주시고(1:3), 또 "거저" 주십니다(1:6). 즉 우리에게 하나님께 속한 것을 전부 다 주시되 공짜로 주신다는 것입니다. 왜냐하면 우리를 너무 사랑하시기 때문입니다. 마치 우리 부모님이 우리에게 하듯 말입니다. 이렇게 모든 것을 거저 주시면서 우리의 부모님처럼 하나님께서도 우리에게 바라는 것이 하나 있습니다.

문제 5 1장 6절, 12절, 14절 이렇게 세 번에 걸쳐 반복되는 말을 토대로 하나님께서 우리를 통해서 하시고자 하는 것이 무엇인지 써보십시오.

사도 바울은 예수 그리스도 안에 있는 우리가 이렇게 엄청난 존재라는 것에 감격한 나머지 1장 3절의 "찬송하리로다"로 시작한 문장을 14절까지 끊지 않고 계속하고 있습니다. 한 문장에 그리스어로 자그마치 202개의 단어들을 사용했습니다. 아주 흥분한 바울의 모습을 상상할 수 있습니다. 이것은 바울뿐만 아니라 똑같은 복을 받고 복돌이와 복순이가 된 우리들의 고백이어야 합니다. 예수 그리스도께 속한 교회와 성도들은 이렇게 대단한 존재입니다. 당신은 이런 존재인 예수님짜리임을 실감하고 있습니까?

간단한 숙제

01 이 단원의 암송구절인 에베소서 1장 3절을 암송한 대로 아래에 써보십시오.

02 이 단원을 마치면서 하나님께 드리고 싶은 기도를 아래에 써보십시오.

제2 단원 열려라 선물박스

읽을 성경구절 | 에베소서 1장 23절

산타클로스와 예수 그리스도

여러분은 어릴 때 산타클로스를 정말 믿었던 적은 없습니까? 저는 아홉 살 때까지 산타클로스의 존재를 의심 없이 믿었었습니다. 아주 어려서부터 매년 크리스마스 이브에 큼직한 양말을 문고리에 걸어놓고 잠들면, 그 다음 날 아침에 어김없이 그 양말 안에 평소 갖고 싶었던 것이 들어 있었습니다. 그래서 저는 밤새 산타할아버지가 굴뚝을 타고 내려와 선물을 주고 갔다는 누나들의 말을 굳게 믿을 수밖에 없었습니다.

그러다가 초등학교 3학년 때 겨울방학이 끝나고 일기를 발표하는 시간에 저의 믿음은 산산조각이 나버렸습니다. 산타클로스가 준 선물에 대해 쓴 12월 25일 자의 일기를 자랑스럽게 읽고 있는데 반의 친구들이 깔깔대고 웃는 것이 아닙니까? 그 후로 두고두고 친구들의 놀림감이 된 것은 말할 필요도 없겠지요. 동생을 두고 재미있게 장난한 누나들의 말을 믿었다가 뒤늦게 사실이 아님을 알게 되어 허탈했던 기억이 지금도 생생합니다.

그런데 하나님과 예수 그리스도를 이런 식으로 믿을 수 있다는 것을 알고 있습니까? 물론 예수 그리스도에 관한 것은 전부 사실이지만, 그렇다고 부모님이 믿으니까, 교회에서 그렇다고 하니까 그냥 덮어놓고 믿어버리면 안됩니다. 하나님이 정말 살아 계신지, 예수 그리스도가 틀림없는 하나님의 아들인지, 그분을 어떻게 알 수 있는지를 깊이 따져보기도 전에 무조건 따라 믿는 '덩달이'는 아닌지 심각하게 생각해봐야 합니다. 산타클로스는 허구이므로 만나려야 만날 수 없지만, 예수 그리스도는 살아 계시므로 우리가 만날 수 있는 분이기 때문입니다.

이 단원의 암송구절: 에베소서 1장 22~23절

또 만물을 그의 발 아래에 복종하게 하시고 그를 만물 위에 교회의 머리로 삼으셨느니라 교회는 그의 몸이니 만물 안에서 만물을 충만하게 하시는 이의 충만함이니라

제1단원에서 예수 그리스도 안에 있는 존재에게 하늘에 속한 모든 복을 주셨다는 사실을 살펴보았습니다. 1장 6절에 이것을 "거저" 주셨다고 했는데 우리 쪽에서 볼 때 공짜이지 하나님 쪽에서는 실로 엄청난 값을 지불하셨습니다. 1장 7절의 "그의 피로 말미암아"라는 말이 그 값이 얼마나 큰가를 말해주고 있습니다. 예수님의 목숨 값이 나가는 존재, 즉 우리가 예수님짜리라는 것입니다.

그런데 문제는 우리가 그런 존재라는 것을 깨닫고 경험하며 살고 있느냐는 것입니다. 그것은 마치 귀한 보석이 담긴 선물박스를 받기는 받았는데 아직 열어보지 않아서 그 선물이 얼마나 좋은지를 실감하지 못하는 것과 같습니다. 그 선물을 나에게 준 사람은 엄청난 값을 지불했는데 말입니다. 하나님이 주신 복, 즉 하나님께서 우리에게 '너무 좋다' 라고 하신 것이 무엇인지 실지로 경험하지 않으면 그림의 떡과 매한가지일 수도 있습니다.

그래서 사도 바울은 1장 15~19절에서 교회의 성도들을 위해 기도했습니다. 이 복을 경험하려면 무엇보다도 "하나님을 알게" 되어야 하므로 이것을 먼저 언급했습니다. 우리가 부모님으로부터 선물을 받았을 때 선물의 내용보다 더 중요한 것은 선물을 주신 부모님의 마음입니다. 마찬가지로 우리에게 하늘에 속한 모든 복을 주신 분인 하나님을 제대로 아는 것이 우선입니다. '하나님에 관해서' 아는 것을 넘어 '하나님을' 알아야 함은 물론입니다.

문제 1 대통령에 관해서 아는 것과 대통령을 아는 것이 다르듯 하나님에 관해서 아는 것과 하나님을 아는 것은 완전히 다릅니다. 이렇게 ' … 에 관해서' 아는 것과 ' … 을(를)' 아는 것의 차이점을 써보십시오.

하나님에 관해서 좀 안다고 해서 하나님을 안다고 속단해서는 곤란합니다. 어려서부터 교회에 다녔다고 하나님을 안다고 할 수는 없습니다. 또 주일학교에서 성경을 많이 배우고 교회활동을 많이 했어도 하나님을 안다고 할 수 없습니다. 수년 동안 학교를 다니면서 수업을 듣고 많은 학교 행사에 참여했다고 해서 교장선생님을 안다고 할 수 없는 것과 비슷한 이치입니다.

하나님을 안다는 것은 우선 하나님과 우리 사이에 아버지와 "자기의 아들들"의 관계가 성립되는 것을 말합니다(1:5). 그냥 창조주와 피조물의 관계가 아니라는 말입니다. 그리고 아버지와 자녀의 관계가 생긴 후로 계속해서 아버지이신 하나님과의 사랑의 교제 속에 있는 것을 말합니다. 하나님을 바로 알 때 하나님께서 주신 복이 의미가 있는 것입니다. 부모님의 마음을 헤아리지 못하는 자식에게 부모님의 선물은 자신의 유익과 만족에 그치고 만다는 것을 이해한다면 하나님 아버지의 마음을 아는 것이 왜 중요한지 감이 올 것입니다.

사도 바울이 하나님을 알게 하시기를 기도했는데, 여기서 '안다' 라는 것은 그냥 머리로 알고 이해하는 지식을 말하는 게 아닙니다. 원문에 보면 '넘치게 아는 것' 이라는 뜻으로 '경험적으로 아는 것' 을 말합니다. 이 단어만 봐도 하나님에 관해서 아는 것과 얼마나 큰 차이가 있는지 알 수 있습니다.

이렇게 하나님을 아는데 있어서 꼭 있어야 할 것이 "지혜와 계시의 영"이라고 했습니다(1:17). 그런데 이것은 우리가 만들어내는 것이 아니라 하나님 아버지께서 우리에게 주시는 것입니다. 우리의 머리에서 나오는 지혜나 삶의 지혜가 아니고 하늘에서 오는 영적인 차원의 지혜이기 때문입니다.

문제 2 그럼 하나님께서 이런 지혜와 계시의 영을 누구에게 주시겠습니까? 또 어떻게 하면 이것을 받을 수 있겠습니까? 잘 생각해서 써보십시오.

사도 바울은 하나님께서 교회 성도들에게 지혜와 계시의 영을 주셔서 하나님을 알게 하시기를 기도하고 나서 그들로 하여금 하늘에 속한 신령한 복의 내용이 무엇인지 "알게" 되기를 기도했습니다(1:18-19). 여기에서 '안다'는 것은 '깨닫다'라는 뜻입니다. 사실을 사실대로 분명히 깨닫고 확인하는 것을 말합니다. 하나님께서 주신 복이 엄청나다는 사실을 그대로 확인하는 것입니다. 선물박스 안의 내용이 정말 선물을 준 사람이 말한 그대로임을 확인할 때 비로소 그 선물이 효력을 발생하듯 말입니다.

그래서 바울은 "너희 마음의 눈을 밝히사"라고 했던 것입니다. 볼 것을 제대로 봐야 한다는 것이지요. 눈이 흐리면 사물이 바로 보일 수 없듯이 마음의 눈도 흐리면 하나님께서 주신 복을 바로 깨달을 수 없습니다. 영적 깨달음이 둔할 수 있다는 것입니다. 귀한 보석도 돼지에게는 먹을거리로밖에 보이지 않듯이 땅의 것들에만 관심이 있는 사람은 신령한 복을 알아보지 못합니다. 따라서 마음을 둔하게 만드는 요소들을 제거하고 항상 마음의 눈이 밝아지도록 교회 안에서 서로를 위해 기도해주고 깨우쳐줘야 합니다.

문제 3 마음의 눈이 밝아져서 우리가 알게 되어야 할 신령한 복의 내용 세 가지가 무엇인지 아래에 써보십시오.

1. ____________________

2. ______________________________

3. ______________________________

이 세 가지는 우리가 꼭 믿어야 할 변하지 않는 사실입니다. 하나님께서 그렇다고 하셨으므로 이것보다 더 사실인 것은 없습니다. 이 사실을 사실 그대로 받아들일 때 우리는 이것의 효력을 경험하게 됩니다. 여기서는 이 사실 중 한 가지만 살펴보겠습니다. '성도들 안에 있는 그분의 기업의 풍성' 에 대해 알게 되면 다른 것을 이해하는 것은 어렵지 않습니다.

"기업"이라는 말은 사도 바울이 이미 1장 11절과 14절에서 언급했는데 여기서 기도할 때 또 등장하고 있습니다(1:18). 쉽게 말해서 '상속' 이라는 뜻입니다. 아버지인 하나님께서 자녀인 우리에게 하늘에 속한 모든 신령한 복을 상속하신 것을 말합니다. 적당히 상속하신 게 아니고 "풍성"하게, 즉 넘치도록 상속하셨습니다. 하늘을 전부 상속받은 상속자가 우리입니다.

여러 해 전, 그리스의 선박 왕으로 불리던 오나시스라는 사람의 어마어마한 재산이 그의 딸을 거쳐 세 살짜리 외손녀에게 전부 다 상속되었습니다. 무려 54억 달러(약 7조 원)에 달하는 재산이지만 그녀는 너무 어려서 그 가치를 실감하지 못했었습니다. 하지만 자라나면서 차차 자신이 얼마나 부자인가를 알게 되었을 것이고 지금 성인이 되어 그것이 얼마나 풍성한지 늘 실감하고 또 체험하고 있을 것입니다.

우리가 하나님 아버지께로부터 받은 상속도 이와 같은 이치입니다. 우리 마음의 눈이 밝아질수록 그 가치를 더 실감하게 될 것입니다. 하지만 중요한 것은 그 풍성하게 받은 상속이 이미 교회의 성도들 안에 있다는 사실입니다(1장 18절의 "성도 안에서"는 '성도들 안에 있는' 이라는 뜻임). 다른 데서 찾을 것이 아니라 교회 안에 이미 넘치도록 있다는 것을 믿어야 경험할 수 있습니다.

문제 4 로마서 8장 14~17절을 찾아 읽고, 그 내용을 간추려서 자신의 말로 아래에 써보십시오.

"그리스도와 함께한 상속자"가 무슨 뜻인 줄 아십니까? '공동 상속자' 라는 말입니다. '공동 우승' 이라고 할 때 그 '공동' 을 뜻합니다. 예수님이 받은 상속과 우리가 받은 상속에 아무런 차이가 없이 똑같다는 뜻입니다. 입이 딱 벌어지는 이야기 아닙니까? 이것은 무슨 희망사항이 아니고 '사실' 입니다. 이것을 믿고 받아들일 때 우리의 삶이 어떻게 되겠습니까?

그리스도가 어떤 분입니까? 부활하셔서 하나님의 보좌에 함께 앉아 만물을 다스려 복종케 하시는 우주의 통치자이십니다. 그런데 놀라운 것은 그리스도를 이렇게 되게 하신 크신 능력을 우리에게도 똑같이 베풀어주셨다는 사실입니다(1:19-21). 그래서 그리스도가 교회의 머리이시고 교회는 그분의 몸이 되었습니다(1:22-23). 그리스도와 교회가 분리될 수 없는 한 운명이므로 교회 역시 만물 위에서 그리스도와 함께 다스리는 존재입니다.

교회의 대단함은 위의 표현에서 그치지 않습니다. 1장 23절에서처럼 하나님께서 보시는 교회가 "만물 안에서 만물을 충만하게 하시는 이의 충만함"이라고 한다면 더 이상의 설명이 필요치 않겠지요? 그런데 우리가 하나님과 똑같이 교회를 보지 않는 이유는 아직 우리의 마음의 눈이 밝지 못해서 그렇습니다. 그래서 사도 바울이 이것을 위해 기도한 것입니다. 하나님께서 주신 선물박스가 열려 우리가 밝히 볼 수 있도록 이것에 집중해야 합니다.

간단한 숙제

01 이 단원의 암송구절인 에베소서 1장 22~23절을 암송한 대로 아래에 써보십시오.

02 이 단원을 마치면서 하나님께 드리고 싶은 기도를 아래에 써보십시오.

제3단원 우주 최고 걸작품

읽을 성경구절 | 에베소서 2장 1~10절

과르니에리 델 제수 캐논

오래된 세계적인 명품 바이올린의 가격이 보통 수십만 달러인 데 비해 수백만 달러를 호가하는 바이올린도 있습니다. 바이올린 제조의 최고 가문으로 손꼽혔던 이탈리아의 과르니에리 가문에서 만든 1742년 산 '과르니에리 델 제수 로드 월튼'이 역사상 최고가로 경매되었는데 값이 우리 돈으로 무려 65억 원쯤 됩니다. 300년 가까이 된 바이올린 한 대 가격이 웬만한 아파트 수십 채와 맞먹는다니 입이 딱 벌어지지 않을 수 없습니다.

그런데 같은 과르니에리 가문에서 역시 1742년에 만든 바이올린인데 그 가치가 너무 커서 값으로 따질 수도 없는 세계 최고의 명기가 있습니다. 기증자의 유언에 따라 지금 이탈리아의 제노바 시청에 보관되어 있는 '과르니에리 델 제수 캐논'이 바로 그것입니다. 가격은 책정된 적도 없고 보험금만 4천만 달러(500억 원 이상)라고 하니 그 가치가 실로 엄청납니다.

이 바이올린이 이렇게 인정받게 된 이유는, 그것이 최고 명품인데다 역사상 전무후무한 최고의 바이올린 연주가라고 하는 파가니니가 죽는 날까지 애지중지하던 바이올린이기 때문입니다. 파가니니는 연주를 너무 잘해서 '귀신'이라는 별명까지 얻었던 사람입니다. 이런 명 연주가의 손에 명기가 주어졌으니 그 소리가 어땠을지는 상상하고도 남습니다.

하나님께서 만드신 최고 걸작품도 완전하신 하나님의 손에 의해 사용되어 그 진가를 발휘하게 되었습니다. 이 세상의 값으로 따질 수 없는 '예수님짜리' 가치를 가진 존재가 바로 그 걸작품입니다.

이 단원의 암송 구절: 에베소서 2장 10절

우리는 그가 만드신 바라 그리스도 예수 안에서 선한 일을 위하여 지으심을 받은 자니 이 일은 하나님이 전에 예비하사 우리로 그 가운데서 행하게 하려 하심이니라

제2단원에서 살펴본 바와 같이 하나님께서는 우리를 예수 그리스도의 '공동 상속자'로 택하셨습니다. 그런데 이것이 하나님께서 이 세상을 창조하기도 전에 갖고 계시던 계획이었음을 아는 게 매우 중요합니다. 에베소서 1장 12절의 "전부터 바라던 그의 영광의 찬송이 되게"라는 말씀이 그것을 확인시켜주고 있습니다. 원래 이것이 하나님의 목적이요 소원이었었는데 인간이 스스로 가치를

떨어뜨려 타락해서 하나님으로부터 떨어져나간 것입니다.

그러나 하나님의 사랑은 이런 인간을 예수 그리스도 안에서 다시 만드셔서 원래의 목적이 이루어질 수 있게 하였습니다. 이게 바로 에베소서 2장 10절이 뜻하는 바입니다. 우리를 만드시고 지으셔서 "전에 예비"하신 대로 살게 하셨습니다. 여기서 "우리는 그가 만드신 바"라고 했는데 이것은 '걸작품'이라는 뜻입니다. 하나님께서 만드신 우주 최고의 걸작품이 바로 그리스도 안에 있는 "우리"라는 것입니다.

문제 1 창세기 1장 26~31절과 2장 4~7절을 읽고 하나님께서 최초로 창조하셨던 걸작품인 사람에 관한 아래의 질문에 답하십시오.

01_하나님의 형상대로 만드셨다는 것이 무슨 뜻입니까?

02_또 흙으로 지으셔서 생기를 그 코에 불어넣으셨다는 것은 무슨 뜻입니까?

옛날 고려청자나 이조백자 같은 걸작을 만든 우리의 선조들이 그런 도자기 하나를 만들기 위해 쏟아 부었던 정성이 얼마나 대단한지 우리는 알고 있습니다. 그들은 눈에 잘 보이지도 않는 자그마한 흠만 발견해도 심혈을 기울여 만들었던 도자기를 부숴버리고는 다시 만들기를 반복했습니다. 걸작 중의 걸작을 만들기 위함이었지요. 그런 과정을 거쳐 완성된 걸작품은 최고의 가치로 인정받아 주로 왕궁에서 임금님에 의해 사용되곤 했습니다.

이와 같이 '사람'이라는 걸작품도 우주의 임금님이신 하나님께서 자신의 목적을 위해 가치 있게 사용하시려고 심혈을 기울여 만드셨습니다. 그리고 사람은 사물과 달리 하나님과 사랑의 교제를 나눌 수 있도록 인격체로 만드셨습니다. 하나님의 자녀가 되게 하신 것입니다.

그래서 천지 만물을 다 창조하신 후에 사람을 만드셨습니다. 이것은 마치 어머니가 아기를 낳기 전에 아기에게 필요한 물품들을 구해서 아기의 방을 꾸며놓고 그 속에서 잠자고 놀게 될 아기를 생각하며 최고의 환경을 미리 만들어놓는 것과 같습니다. 창세기 1장에서 이것저것 창조하시고 "보시기에 좋았더라" 하신 이유는 하나님께서 만드실 사람이 그 자연환경 속에서 즐거워할 것을 상상하시며 흐뭇하셨기 때문일 것입니다. 그리고 드디어 맨 마지막에 사람을 만드시고 그 기쁨을 주체하실 수 없는 하나님의 모습을

"보시기에 심히 좋았더라"고 표현한 것입니다.

창세기 1장은 무슨 창조를 과학적으로 설명한 것이 아닙니다. 하나님과 하나님의 사랑의 대상으로 지으신 사람과의 관계성의 이야기입니다. 성경 전체를 이런 눈으로 봐야 '하나님을' 알 수 있습니다. 그렇지 않으면 앞 단원에서 살펴본바 '하나님에 관한' 지식의 수준을 결코 벗어날 수 없습니다.

따라서 창세기 2장과 3장의 "선악을 알게 하는 나무의 열매"도 이런 눈으로 이해해야 합니다. 사랑의 하나님께서 사람의 발목을 잡으려고 그것을 두신 것이 아닙니다. 하나님과 사랑의 교제를 나눠야 할 걸작 중의 걸작이 되게 하려고 하나님을 '자발적으로' 사랑하고 섬기도록 배려하신 것입니다. 하나님의 마음을 알고 자발적으로 "생명나무"를 택하도록 말입니다. 그런데도 최초의 사람은 이것을 깨닫지 못하고 마귀의 유혹에 넘어가 "네가 먹는 날에는 반드시 죽으리라"는 하나님의 말씀대로 되고 말았습니다.

문제 2 매년 크리스마스 절기가 되면 이곳저곳에 크리스마스트리가 등장합니다. 요즈음은 인조 나무에 장식하는 경우도 많지만 원래 생나무를 잘라 갖다 놓고 거기에 여러 장식을 합니다. 방울도 달고, 사탕도 걸고, 솜도 붙이고, 양말이나 갖가지 색깔의 전구도 달아서 꾸밉니다.

01_그 나무가 살았습니까? 아니면 죽었습니까?

02_만약 죽었다면, 언제 죽었습니까?

03_그 나무가 얼마 동안 살아 있는 것처럼 보입니까?

04_크리스마스 절기가 끝나면 그 나무의 운명은 어떻게 됩니까?

( )

( )

( )

( )

( )

( )

( )

( )

( )

사람도 크리스마스트리와 같습니다. 살아 있는 것 같지만 실은 하나님 보시기에 죽은 것입니다. 하나님이라는 생명의 뿌리에서 끊어졌을 때 이미 죽었습니다. 하나님 없이도 살 수 있다고 하나님을 거부하는 사람은 누구나 죽은 상태입니다. 살아 있는 나무가 뿌리에서 올라오는 수분과 영양분을 공급받지 않으면 생명을 유지할 수 없듯이, 사람도 하나님과의 사랑의 교제를 통해 생명을 공급받아 하나님의 생명을 드러내지 못하면 죽은 것입니다.

이렇게 하나님 보시기에 죽은 사람인데도 20살도 살고, 30살, 50살, 80살, 100살도 삽니다. 하지만 점점 시들시들해져서 어느 날 정말 죽어버립니다. 그다음은 어디로 갑니까? 역시 크리스마스트리와 같은 운명이겠지요. 쓰레기통에 버려집니다. 하나님의 생명이 없는 인간쓰레기가 버려지는 영적 쓰레기통을 성경에서 '지옥' 이라고 부르는 것입니다.

그럼 이런 사람들이 지옥에 가기 전에 무엇에 관심을 두고 살아가겠습니까? 역시 장식하는 일입니다. 하나님의 생명이 없는 사람은 여러 가지로 장식하는 것 이외에는 다른 의미를 찾을 수 없습니다. 물론 우리는 삶을 살아가기 위하여 게을리 말고 주어진 일과 학업에 충실해야 합니다. 그러나 영적으로 죽은 사람은 사는 데 필요한 수단인 돈, 지위, 명예, 출세, 땅, 아파트와 보석, 비싼 옷, 화려한 액세서리, 고급 차 등 명품에 올인 하고, 심지어는 성형수술로 여기저기 뜯어고치는 데 온갖 정신이 팔려 있습니다. 크리스마스트리에 장식을 많이 할수록 더 화려하게 보이는 것처럼 사람도 얼마나 장식을 했느냐에 따라 인정을 받기 때문입니다.

그러나 박수를 더 받고 덜 받는 차이일 뿐 누구나 때가 되면 시들시들해져서 쓰레기통으로 향하고 맙니다. 이것이 하나님의 생명줄에서 끊어진 인간의 운명입니다. 하나님 보시기에 죽었기 때문에 이렇게 살 수밖에 없습니다. 창세기 2장 17절의 "반드시 죽으리라"와 에베소서 2장 1절의 "죽었던", 그리고 2장 5절의 "죽은"이라고 한 의미가 이제 분명해졌습니까?

문제 3 앞의 크리스마스트리 그림에 있는 괄호들 안에 지금까지 살아오면서 관심을 두었던 장식품들을 써보십시오.

_그 장식품들이 생명을 가진 예수님짜리에게는 어떤 의미를 주겠습니까?

그렇다면 사람이 어떻게 해서 이렇게 하나님 보시기에 죽은 상태가 되었을까요? 에베소서 2장 1절에 "허물과 죄" 때문에 그렇게 되었다고 했습니다. 하나님과의 관계를 끊고 자기 맘대로 결정하고 선택하는 것을 말합니다. 선악을 알게 하는 나무의 열매를 선택한 최초의 사람으로부터 오늘 우리에게 이르기까지 인간이 하나님의 권위를 우습게 알고 그분을 불순종하고 자기가 하나님인 것처럼 착각하며 사는 이것을 성경은 죄라고 합니다. 이 죄로부터

마음속의 죄가 생기고, 그다음 겉으로는 죄 된 행동을 하는 것입니다.

바로 이 죄가 사람을 죽였습니다. 하나님 보시기에 인간은 '영적인 시체'라는 말입니다. 하나님의 생명을 택하지 않고 죽음을 택하였기 때문에 시체가 되었습니다. 그러므로 육체가 죽은 시신을 산 사람이 맘대로 다룰 수 있듯이, 영적으로 죽은 시신도 원수들이 맘대로 다루고 끌고 다닙니다. 인간이 원수들을 졸졸 따라다녀야만 되는 불쌍한 신세가 되었다는 말입니다.

문제 4 에베소서 2장 2~3절에 보면 허물과 죄로 죽은 인간이 원수 셋을 따르고 있음을 알 수 있습니다. 그리고 야고보서 4장 1~7절에도 표현만 조금 달리했지 이 원수 셋이 등장합니다. 이 인간의 원수 셋이 무엇인지 써보십시오.

________________, ________________, ________________

_이 원수 셋이 노리는 것이 무엇일까요? 잘 생각해서 써보십시오.

____

____

인간은 영적으로 죽었기 때문에 원수들을 거부할 능력이 없습니다. 힘이 없어 깡패들에게 시달리듯 원수들의 밥이 되어 끌려다닙니다. 또 마치 돼지가 주인이 자기를 좋아해서 매일 잘 먹여주는 줄로 착각하듯이 원수들이 달콤하게 해주는 것에 넋을 잃고 속아 넘어가는 것이 인간입니다. 키워서 잡아먹기 위한 주인의 숨겨진 목적을 알 리 없어 그냥 갖다 주는 것을 신나게 받아먹다가, 그날이 오면 도살장을 거쳐 삼겹살이 되고 마는 것이 돼지에게만 국한된 이야기가 아님을 알아야 합니다. 결국 그날이 와서 영원한 심판을 받고 지옥에 버려지는 것이 하나님을 거부한 인간의 운명입니다.

그러나 인간은 돼지와 달리 원래 '우주 최고 걸작품'이 될 목적으로 창조되었음을 우리는 알고 있습니다. 하나님의 생명을 받고 하나님의 자녀가 되어 "그의 영광의 찬송이 되게" 하시려는 목적 말입니다(1:12). 이런 존재여야 하는데 "본질상 진노의 자녀"(2:3)로 전락했으니 아버지인 하나님께서 얼마나 마음이 아프시겠습니까? 인간이 얼마나 불쌍해 보이겠습니까?

문제 5 타락한 인간을 보시고 하나님께서 어떻게 하셨는지, 하나님의 해결책이 무엇인지 에베소서 2장 4~6절을 읽고 간추려서 설명해보십시오.

하나님 아버지께서는 허물과 죄로 죽었던 인간을 살리실 길을 마련하셨습니다. 그래서 "그리스도 예수 안에서 선한 일을 위하여 지으심을 받은 자" 되게 하셨습니다(2:10). 지으셨다는 말은 곧 창조하셨다는 뜻입니다. 고린도후서 5장 17절에서 바울이 말한 그대로입니다. 새로운 창조입니다. "그가 만드신 바" 즉 '하나님의 걸작품' 으로 창조되었습니다. 최초의 사람은 선택을 잘못해 문턱에서 미끄러졌지만, 예수 그리스도 안에서 드디어 '우주 최고 걸작품' 이 탄생한 것입니다. 이게 바로 바울이 에베소서 1장 22~23절에서 말한 교회라는 걸작품입니다. 예수님짜리는 바로 이렇게 가치 있는 존재입니다.

이제 우리는 교회로서 하나님의 원래 목적을 충실하게 이루기 위해 이 땅에 존재하고 있습니다. 2장 10절의 "선한 일"이 바로 이것을 가리키는 것인데 이것에 대해서는 나중에 더 자세히 살펴볼 것입니다.

간단한 숙제

01 이 단원의 암송구절인 에베소서 2장 10절을 암송한 대로 아래에 써보십시오.

02 이 단원을 마치면서 하나님께 드리고 싶은 기도를 아래에 써보십시오.

제4단원 리멤버 후 유 아

읽을 성경구절 | 에베소서 2장 1~22절

라이언 킹과 예수님짜리

'라이언 킹'이라는 만화영화를 본 적이 있습니까? 동물의 왕국을 다스리는 사자에 관한 이야기입니다. 무파사가 다스리던 평화로운 왕국이 왕위를 호시탐탐 노리던 그의 동생 스카에 의해 뒤죽박죽이 되어 버렸습니다. 왜냐하면 스카가 음모를 꾸며 무파사의 후계자인 아들 심바를 위기에 몰아넣고, 아들을 살리려던 무파사를 무참히 죽인 후 왕국을 삼켜버렸기 때문입니다.

구사일생으로 살아나 멀리 도망간 심바는 자포자기해서 왕국의 후계자라는 신분은 까맣게 잊어버린 채 사자의 삶과는 동떨어진 생활을 하고 있었습니다. 세월이 흘러 심바가 장성했을 때 어릴 적 친구였던 암사자와 아버지의 제사장이었던 원숭이를 연달아 우연히 만나게 되었습니다. 그들은 심바에게 왕국으로 돌아가서 왕위를 되찾을 것을 촉구했습니다. 그리고 홀연히 아버지 무파사의 형상이 나타나 "심바야, 너는 네가 누군지를 잊어버렸다. 그것은 곧 나를 잊어버린 것이다"라고 꾸짖으며 다음과 같이 외쳤습니다.

"Remember who you are!"(네가 누구인지를 기억하라!)

"You are my son and you are the one true king!"

(너는 나의 아들이요, 단 하나밖에 없는 진정한 왕이니라!)

이 말을 듣고 용기백배해져서 돌아온 심바는 스카와 그의 잔당들을 물리치고 왕위를 되찾아 다시 왕국에 평화가 깃들게 했습니다. "네가 누구인지를 기억하라"는 이 말이야말로 예수님께 속한 우리에게 예수님께서 하시는 말씀이 아닐까요?

이 단원의 암송구절: 에베소서 2장 19절

그러므로 이제부터 너희는 외인도 아니요 나그네도 아니요 오직 성도들과 동일한 시민이요 하나님의 권속이라

에베소서 2장 3~4절의 "본질상 진노의 자녀"라는 말과 "긍휼이 풍성하신 하나님이 우리를 사랑하신 그 큰 사랑"이라는 말은 조화를 이루기 어려운 말입니다. 진노와 사랑은 상반된 말이므로 이론적으로는 합치될 수 없습니다. 그러나 이 둘이 만나는 곳이 있습니다. 앞 단원에서 이미 살펴본바 '사랑의 관계성' 속에서는 가능합니다. 우리가 부모님의 권위를 무시하고 불순종하여 집을 나갔다가 깡패들에 의해 끌려다니며 괴롭힘을 당하고 있다고 가

정해봅시다. 그럴 때 부모님의 마음이 어떨지 상상해보면 알 수 있을 것입니다.

옛날 어떤 나라에 죄에 대해 아주 엄격한 임금이 있었다고 합니다. 그는 누구를 막론하고 국법을 어기면 법에 따라 공정하게 심판했기 때문에 백성들이 믿고 따랐습니다. 그런데 그 임금이 너무나도 사랑하는 어머니가 어느 날 법을 어기고 큰 죄를 범했습니다. 당연히 임금은 고민에 빠지지 않을 수 없었습니다. 법대로 하면 몽둥이로 수십 대 곤장을 때려야 하는데 어머니를 끔찍하게 사랑하는 그로서는 도저히 상상할 수도 없는 일이었습니다. 그렇다고 봐주면 공의를 저버리게 되므로 이 또한 있을 수 없는 일이었습니다. 임금은 진퇴양난에 빠지게 되었습니다.

재판 날이 다가올수록 신하들과 백성들은 둘로 나뉘었습니다. 한쪽은 공정한 임금이므로 법에 따라 심판할 것이라고 믿었고, 다른 한쪽은 사랑하는 어머니에게 절대로 무서운 심판을 하지 않을 것이라 했습니다. 드디어 재판 날이 되어 임금은 높은 보좌에 앉았고, 죄수인 어머니는 결박을 당한 채 끌려와 무릎을 꿇었습니다. 그리고 겹겹이 둘러싼 신하들과 백성들이 숨을 죽이며 재판과정을 지켜보고 있었습니다.

문제 1 당신이 임금이라면 이럴 때 어떤 판결을 내리겠습니까? 어떻게 하면 가장 공정하고도 어머니에 대한 사랑 또한 저버리지 않는 재판을 할 수 있겠습니까?

관계성에서 답을 찾아야 합니다. 불순종하고 잘못한 자식 앞에서 자신의 종아리를 회초리로 때리는 아버지를 상상해보면 됩니다. 우주의 임금이신 하나님께서 왕관과 왕복을 벗고 이 땅으로 내려오셔서 죄인의 모습이 되어 십자가에서 우리를 감싸 안으셨습니다. 그리고 형을 집행하셨습니다. 이분이 바로 십자가에서 피를 흘리고 돌아가신 하나님의 아들 예수님이십니다(1:7; 2:13). 진노와 사랑이 어디서 만나게 되었는지 감이 잡히십니까?

문제 2 이런 예수 그리스도의 모습을 표현한 빌립보서 2장 5~8절을 찾아 읽고 자신의 말로 간추려서 써보십시오.

하나님께서 우리를 얼마나 사랑하시는지를 알 수 있지 않습니까? 이런 사랑이 우리를 영원한 죽음에서 구출한 것입니다. 우리가 귀가 닳도록 들어온 "구원"이 바로 이것입니다(2:5,8). 이것이 "은혜"에 의해 된 것임을 성경은 강조하고 있습니다. 에베소서 2장 5절, 7절, 8절에 계속 등장하는 "은혜"라는 말은 하나님을 불순종하고 죄를 범한 인간에게 하나님 쪽에서 일방적으로 베푸신 사랑의 행위를 뜻합니다. 어느 정도로 우리를 사랑하십니까?

영원한 죽음에서 구원받은 것은 시작에 지나지 않습니다. 2장 8절의 "하나님의 선물"이라는 말이나 앞 단원에서 확인한 바 '우주 최고 걸작품'이라는 표현에서 그치지도 않습니다. 2장 5~6절에 보면 우리가 그야말로 상상을 초월하는 엄청난 위치에 올라가 있음을 알 수 있습니다. "함께"라는 말이 반복되는 것을 보십시오. '예수님짜리', 즉 그리스도와 우리의 운명과 가치가 똑같다고 했습니다. 앞 단원에서 살펴본 '공동 상속자'의 위치가 바로 그것입니다. 우리를 그리스도와 함께 하늘에 앉히셨습니다. 놀랍지 않습니까?

이 놀라운 사실을 받아들이고 예수 그리스도 안으로 들어가는 것을 "믿음"이라고 합니다(2:8). 어려서부터 그냥 믿어왔다든지 예수를 믿어야 내 인생에 도움이 되니까 믿는다든지 하는 시시한 수준이 아닙니다. 예수님을 믿는다는 것은 예수님과의 사랑의 관계 안으로 들어가는 것입니다. 내 맘대로 결정하고 선택하여 하나님 이외의 것들에 집중했던 인생을 내려놓고 예수님과 떼려야 뗄 수 없는 관계 속에서 사는 것, 다른 말로 자신이 주인 노릇하던 삶에서 돌이켜서 예수님을 주인으로 모시는 것을 말합니다. 예수님이 절대적이어야 합니다. 예수님의 권위 밑에 무릎을 꿇는 것입니다.

이렇게 예수님을 믿을 때 2장 10절의 "그가 만드신 바" 즉 우주 최고 걸작품이요, 또 예수 그리스도와 함께 하늘에 앉히신 바 된 놀라운 존재가 되는 것입니다. 이제 우리에게 남은 것은 이것을 믿음의 눈으로 바라보면서 경험하는 것입니다. 그런 경험의 연속을 교회생활이라고 합니다. 그리스도의 몸인 교회만이 이 땅에서 하늘을 살며 경험할 수 있습니다. 즉 교회 안에서 '예수님의 기업의 영광의 풍성함'을 경험하는 것이고(1:18), 또한 '하나님의 충만함'을 경험하는 것입니다(1:23).

문제 3 당신이 지금까지 믿어온 것과 위에서 말한 믿음과는 어떤 차이가 있습니까?

_지금 이 순간 당신이 진정 바라는 신앙생활은 어떤 모습입니까? 잘 생각해보고 솔직하게 답하십시오.

이것을 경험하기 위해 우리가 교회로서 꼭 기억해야 할 것이 있습니다. 우리가 어떤 존재인지에 늘 초점을 맞춰야 한다는 것입니다. 2장 11절이 이것을 강조하고 있습니다. "그러므로 생각하라" 보다 더 정확한 표현은 '그러므로 기억하라' 입니다. 앞에 나온 '라이언 킹' 이야기의 주인공인 심바에게 아버지 무파사가 나타나서 외친 'Remember who you are!' 와 같은 말입니다.

그럼 무엇을 기억해야 할까요? 무작정 아무거나 기억하는 것이 아니고 두고두고 잊지 않아야 할 것을 기억해야 합니다. 대한민국 사람치고 삼일절이나 광복절을 모르는 사람은 없을 것입니다. 일

제강점기의 쓰라렸던 고통을 기억하고 다시는 나라를 빼앗기는 일이 없어야겠다는 다짐과 함께 애국심을 고취하고자 제정한 기념일입니다. 구약시대의 유월절이나 초막절 같은 명절도 고통스러웠던 애굽의 학정에서 벗어나게 하셔서 보호해주신 하나님의 은혜를 기억하라는 기념일이었습니다.

우리가 기억해야 할 것도 이치상으로는 같습니다. 사도 바울은 "그때에"와 "이제는"이라는 말로 그리스도 밖에 있었던 때와 그리스도 안에 들어온 지금을 구별하여 설명하고 있습니다(2:11-13). 우리의 바뀐 운명을 확실히 기억하라는 것입니다. 영원한 멸망으로 향하던 영적 시체에서 지금 예수님짜리의 가치를 지닌 존재가 된 사실을 기억하고 감격하며 살아가라는 것입니다. 따라서 교회가 모일 때 서로에게 이것을 상기시켜줘야 합니다.

옛날 어떤 나라에 거지의 자식으로 태어나 다리 밑에서 비참하게 살면서 동냥을 하던 거지가 있었답니다. 매일매일 팔자 탓을 하면서 세상을 저주하며 살았는데, 하루는 동냥하러 나갔다가 마침 행차하던 임금님의 행렬을 만나게 되었습니다. 그때 임금이 마차에서 내려 거지에게 다가오더니 신하들을 향해 "여봐라. 이 거지를 지금 당장 궁으로 데리고 가라. 내가 오늘부터 그를 내 아들로 삼겠다"라고 명했습니다.

이 한마디로 하루아침에 밑바닥 거지인생에서 왕자로 탈바꿈해버린 그의 이후의 삶을 상상해보십시오. 왕궁에 들어가서 왕자로서의 화려한 생활에 황홀해하며 감격했겠지만, 시시때때로 왕년의 거지 근성이 튀어나와 사람들을 어리둥절케 하고 놀라게 하지 않았겠습니까? 신분은 왕자인데 행동은 거지인 경우가 종종 있었을 것입니다.

문제 4 당신이 거지출신인 이 왕자 옆에 있었다면 무슨 말을 해 주겠습니까?

_그가 어떤 과정을 거쳐야 왕자의 삶이 몸에 배게 될까요?

에베소서 2장 14~19절은 예수 그리스도 밖의 비참했던 신분이었던 우리를 놀라운 존재로 높여주시기 위해 예수님께서 하신 일을 설명하고 있습니다. 이제 중간에 막힌 담이 헐려서 자기네만 선민이라고 우쭐대던 유대인도 없고, 그들에 의해 멸시받던 이방인도 없는 하나님과 화목해진 존재만 있을 뿐임을 선포하고 있습니다. "중간에 막힌 담"이란 사도 바울이 옛날 예루살렘 성전의 유대인과 이방인을 분리시키는 담을 염두에 두고 쓴 표현입니다. 그 담의 외벽에 '이 담을 넘어오는 이방인은 사형에 처함' 이라는 경고문이 붙어 있었을 정도로 유대인들은 이방인을 철저하게 멸시했었습니다. 그런데 이제는 하나님께서 그리스도 안에서 그 막힌 담을 헐어버리셨습니다.

또 율법을 행할 능력도 없으면서, 율법을 가졌기 때문에 의로운 줄로 착각했던 유대인들이나 율법이 없던 이방인이나 똑같은 자격으로 하나님께 나아가게 하셨습니다. 그래서 이제는 그리스도 안에서 차별 없이 "동일한 시민"이고 "하나님의 권속"이 되었습니다. "시민"은 하나님의 나라 사람이라는 말이고 "권속"은 하나님의 가족이 되었다는 뜻입니다. 하나님과 영원히 함께 사는 존재가 되었다는 말입니다.

문제 5 그럼 여기서 2장 15절의 "한 새 사람"과 2장 16절의 "한 몸"으로 표현된 존재는 누구를 가리키는 것일까요?

01_무엇이 우리를 이렇게 하나님과 화목하게 해주었습니까?

02_그것이 어떻게 화목하게 해줄 수 있었습니까?

사도 바울은 에베소서 2장 20~22절에서 이런 존재가 곧 '하나님의 성전'임을 밝혔습니다. 건물이 교회라는 것이 아니라 구약시대에 하나님께서 거하신다고 약속했던 그 성전을 예로 들어 교회가 무엇인지를 다음과 같이 설명하고 있습니다.

성전 터 = 사도들과 선지자들(예수 그리스도의 복음)

모퉁잇돌 = 예수 그리스도

서로 연결되는 건물(돌들) = 교회 안의 지체들

여기서 교회생활이 무엇인지를 엿볼 수 있습니다. 모퉁잇돌이 예수 그리스도라는 것은 교회는 시작부터 예수 그리스도를 드러내야 함을 강조한 것입니다. 성전이 되려면 돌들이 딱 들어맞게 연결되어야 하듯 교회도 지체들이 하나가 되어야 합니다. 하나가 되는 내용도 물론 예수 그리스도여야 합니다. 서로에게 예수 그리스도를 드러내서 결국 교회 안이 예수님으로 가득해야 합니다. 창세 전부터 아들이신 예수님과 교제하셨던 하나님 아버지는 지금도 교회가 예수님으로 가득할 때 거기 거하십니다.

이것에 대해서는 앞으로 더 자세히 다룰 것입니다. 다만 여기서는 지금까지 살펴본 대로 우리가 이렇게 엄청난 존재라는 것을 꼭 기억해야 합니다.

간단한 숙제

01 이 단원의 암송구절인 에베소서 2장 19절을 암송한 대로 아래에 써보십시오.

02 이 단원을 마치면서 하나님께 드리고 싶은 기도를 아래에 써보십시오.

제5단원 베일 벗은 신비

읽을 성경구절 | 에베소서 3장 1~21절, 5장 22~33절

온 우주에서 가장 아름다운 여자가 누구일까요? 물론 사람들은 얼굴과 몸매가 예쁜 여자를 아름답다고 하겠지요. 그러면 예수님의 눈에는 어떤 여자가 제일 아름다울까요? 주님이 사랑하시는 대상이 바로 가장 아름다운 여자이겠지요. 예수님이 한 소녀와 사랑에 빠졌다는 사실을 알고 있습니까?

이 소녀가 누군지 알려면 창세기 2장의 이야기에서 신비를 풀면 됩니다. 하와를 보고 "내 뼈 중의 뼈요 살 중의 살이라 이것을 남자에게서 취하였은즉 여자라 부르리라"고 외쳤던 아담의 고백이 그 실마리입니다. 하와가 자신에게서 나온 존재이므로 그렇게 고백한 것입니다. 쉽게 말해서 아담이 하와를 보고 놀라 감탄하여 "원더 걸"(Wonder Girl)이라고 부른 것입니다.

사도 바울은 이 신비에 대해 에베소서 5장에서 "그러므로 사람이 부모를 떠나 그의 아내와 합하여 그 둘이 한 육체가 될지니 이 비밀(신비)이 크도다 나는 그리스도와 교회에 대하여 말하노라"고 했습니다. 아담과 하와의 관계가 바로 예수 그리스도와 교회와의 관계의 그림자 같다고 한 것입니다. 교회가 바로 예수 그리스도에게서 나왔기 때문입니다.

이것이 하나님께서 이 세상을 창조하시기 전부터 갖고 계시던 신비한 계획입니다. 이 계획이 교회가 세워지므로 드러났고, 교회는 예수님께서 사랑하시는 가장 아름다운 여자(소녀)임이 밝혀졌습니다. 우리는 이제 예수님께 어울리는 짝으로서의 교회를 이루어나가기 위해 여기에 존재하는 것입니다. 교회가 이 세상에 있는 동안 '원더 걸의 소녀시대'는 계속될 것입니다.

이 단원의 암송 구절: 에베소서 3장 10~11절

"이는 이제 교회로 말미암아 하늘에 있는 통치자들과 권세들에게 하나님의 각종 지혜를 알게 하려 하심이니 곧 영원부터 우리 주 그리스도 예수 안에서 예정하신 뜻대로 하신 것이라"

에베소서 1장 9절에서 "경륜"이라는 말을 꺼냈던 사도 바울은 이제 3장 2절과 9절에서 이 단어를 연거푸 사용하면서 강조하고 있습니다. 경륜이라는 말은 요즈음은 쉽게 와 닿지 않지만 이것이 에베소서를 이해하는 데 있어 가장 핵심단어라 해도 과언이 아니므로 그냥 넘어가면 안됩니다. 그리스 원어로는 '오이코노미아' 인데 이 단어의 발음을 따서 그대로 영어 단어가 되어버린 것이 현대 사회에서 가장 많이 사용되는 말 중 하나인 'Economy' 입니다.

오이코노미아는 '집' 이라는 뜻의 '오이코스' 와 '운영하다', '경영하다', '관리하다' 의 뜻이 있는 '네모' 의 합성어에서 나온 말입니다. 즉 사도 바울은 이 말을 '하나님의 집 경영(운영)계획' 이라는 뜻으로 사용했습니다. 이것은 바울이 3장 11절에서 언급한 '하나님께서 정하신 영원한 목적' 을 가리키는데, 3장 11절을 그리스 원문 그대로 번역하면 아래와 같습니다.

곧 우리 주 그리스도 예수 안에서 하나님께서 정하신 영원한 목적대로 하신 것이라

이것이 바로 "경륜"입니다. 그런데 에베소서에서 "경륜"이라는 말이 나올 때마다 "비밀"이라는 말도 항상 나란히 등장하고 있음을 주목해야 합니다(1:9; 3:2-3; 3:9). 골로새서 1장 25~26절에도 역시 이 두 단어가 함께 등장하고 있는데, 하나님의 영원한 목적에는 뭔가 비밀('신비' 라고 해야 더 정확한 번역임)이 있음을 알 수 있습니다. 3장 9절의 "영원부터 만물을 창조하신 하나님 속에 감추어졌던"이라는 말씀이 이를 더욱 뒷받침해주고 있습니다. 즉 하나님께서 창조 이전부터 하나님의 목적을 신비 속에 감춰놓으셨다

가 때가 되어 드러내신 것입니다.

이 목적이 어느 정도로 감쪽같이 숨겨졌었느냐 하면 하나님께서 사도들과 선지자들에게 성령으로 나타내시기 전까지는 그 누구도 알지 못했었습니다(3:5). 이것이 "하늘에 있는 통치자들과 권세들"(천사들과 마귀와 그의 졸개들을 가리킴) 곧 영적 세계의 존재들에게조차 감추어졌을 뿐만 아니라(3:10), 기라성 같은 믿음의 조상인 아브라함, 모세, 다윗, 이사야, 다니엘 그 누구도 알 수 없도록 철저히 신비에 싸여 있던 것이 바로 "경륜"(오이코노미아)이요 '영원한 목적' 입니다.

문제 1 이런 신비스러운 하나님의 목적이 사도들과 선지자들을 통해 나타났다고 했는데 어떤 존재가 이것을 드러내어 하나님의 각종 지혜를 알게 했습니까?

_사도 바울이 하나님의 일꾼이 된 것은 이런 놀라운 사실을 증거하기 위함인데 그는 무엇으로 이것을 드러냈습니까?

그럼 이 하나님의 목적의 내용은 무엇입니까? 이미 사도 바울이 1장 9절에서 암시한바 "하늘에 있는 것이나 땅에 있는 것이 다

그리스도 안에서 통일되게" 하시려는 것이요, 우리를 예수님짜리로 만들어 그리스도 안에서 하나님의 영광의 찬송이 되게 하시려는 것입니다(1:12). 이것은 구체적으로 유대인과 이방인이 그리스도 안에서 함께 상속자, 지체, 그리고 약속에 참여하는 자가 되는 것입니다(3:6). 이게 바로 '교회'라는 존재입니다. 하나님께서 세상을 창조하시기 이전부터 교회를 꿈꾸고 계셨던 것입니다.

이것을 에베소서 5장 22~33절이 잘 그려주고 있습니다. 바울은 감추어졌던 신비의 경륜에 대해 남편과 아내의 관계로 설명했습니다. 그리스도와 교회 관계의 그림자가 부부관계라는 것입니다. 그림자는 실체가 있어야만 존재하듯이 이 세상의 부부관계도 원래부터 있었던 실체가 투영된 것인데, 그 실체를 바울은 5장 32절에서 밝히고 있습니다. "이 비밀이 크도다 나는 그리스도와 교회에 대하여 말하노라"

여기서 "크도다"는 그리스어로 '메가'입니다. 요즈음 컴퓨터시대에는 용량이 날로 커져서 처음에는 '킬로바이트'로도 충분했었는데, 그다음 '메가'로, 또 '기가'로, 이젠 '테라'로 단위가 올라가고 있습니다. 하지만 사도 바울 당시에는 헤아릴 수 없을 정도로 많고 큰 것을 표현할 때 '메가'를 사용했습니다. 그래서 바울이 하나님의 신비가 어마어마하다는 것을 '메가'를 사용해서 감탄 조로 표현한 것입니다. 이게 바로 그리스도와 교회의 관계입니다.

바울은 교회와 깊은 사랑에 빠지신 예수 그리스도의 모습을 상상하며 써내려 가다가 흥분을 주체할 수 없어 외친 한 마디가 바로 '메가' 입니다.

문제 2 에베소서 5장 25~30절을 읽고 예수 그리스도께서 교회를 얼마나 사랑하시는지, 또 어떻게 사랑하시는지를 간추려서 써보십시오.

문제 3 예수 그리스도께서 왜 교회를 이렇게 사랑하시는지, 더 나아가서 그리스도와 교회가 왜 떼려야 뗄 수 없는 하나인지 그 이유를 에베소서 5장 31~32절과 창세기 2장 21~24절을 읽고 답하십시오. 그림자와 실체의 원리를 토대로 하면 금방 이해할 수 있을 것입니다.

사도 바울이 왜 감격하는지 감이 잡히십니까? 교회라는 존재가 얼마나 대단한지를 알게 되니까 그런 대단한 교회를 이루는 지체들이 우리라는 사실에 흥분할 수밖에 없었던 것입니다. "교회는 그의 몸"(1:23)인데 "우리는 그 몸의 지체"(5:30)이니 아담과 하와의 하나 됨의 비밀(신비)이 너무나도 놀라웠을 것입니다. 깊이 잠들어 죽은 것처럼 된 아담의 몸에서 아담의 신부인 하와가 나온 것처럼, 십자가에서 죽으신 예수 그리스도에게서 신부인 교회가 탄생한 이것이 바로 하나님께서 이 세상을 창조하시기 전부터 갖고 계신 계획이었던 것입니다.

부활하신 예수님께서 자신의 희생으로 생겨난 신부인 교회를 보셨을 때 그 마음이 어떠셨을까요? 그야말로 이 단원 맨 앞의 글에서 언급했듯이 '원더 걸!' 이라고 하지 않으셨을까요? 아무런 때도 묻지 않은 깨끗하고 순수하고 아름다운 소녀로 보셨을 것입니다. 바울이 말한 "우리로 사랑 안에서 그 앞에 거룩하고 흠이 없게"(1:4), "자기 앞에 영광스러운 교회로 세우사 티나 주름 잡힌 것이나 이런 것들이 없이 거룩하고 흠이 없게"(5:27)가 예수님이 보시는 교회의 모습을 말해줍니다. 예수님께서 교회라는 예쁜 소녀를 보시며 창세기 2장 23절의 아담처럼 이렇게 감탄하셨을 것입니다.

이는 내 뼈 중의 뼈요
내 살 중의 살이라

교회가 어떤 존재인지 알 수 있지요? 그렇다면 이제 지금까지 살펴본 내용을 하나로 묶어 하나님의 "경륜" 곧 '하나님의 영원한 목적'의 전체적인 그림을 쉽게 그릴 수 있을 것입니다. 이 전체 그림을 한눈에 다 보고 제대로 이해한다면 신앙생활에 있어 모든 의문이 풀릴 수 있습니다. 우리가 왜 존재하는지, 누구를 위해 또 무엇을 위해 존재하는지, 어떻게 살 것인지 … 등 명쾌한 답을 얻게 될 것입니다.

마치 아담만 존재했었을 때 아담 속에 감추어져 있었던 하와처럼, 창조 이전에 그리스도 안에 교회가 이미 감추어져 있었습니다. 바로 이것이 1장 4절의 "창세 전에 그리스도 안에서 우리(교회)를 택하사"의 의미입니다. 그렇다면 어차피 "그 둘이 한 육체(몸)"가 될 것인데(5:31; 창 2:24) 하나님께서 왜 복잡한 절차를 거쳐 하나를 둘로 나누셨다가 다시 하나로 만드셨는지를 아는 것이 아주 중요합니다. 다음 그림처럼 하신 것입니다.

하나는 하나인데 원래의 하나보다 훨씬 커진 하나가 되는 것! 이것이 바로 하나님의 영원한 목적입니다. 하나님의 생명의 본질이 그렇습니다. 하나님께서 뭐가 부족해서 더 채우시려는 것이 아니라 하나님의 생명이 넘쳐나서 충만해지시고자 하는 것입니다. 그래서 우리를 창조하셔서 우리가 하나님의 사랑의 대상일뿐 아니라 하나님의 생명의 연장선에 있는 걸작품이요 상속자가 되게 하셨습니다. 하나님께서 우리를 통해 넓어지려고 하신 것입니다. 예수 그리스도와 똑같은 가치를 지닌 존재라야만 하나님과 하나가 될 수 있으므로 우리를 예수님짜리가 되게 하셨습니다. 따라서 다음과 같은 말씀이 절대로 허황된 말이 아님을 알 수 있습니다.

교회는 그의 몸이니 만물 안에서 만물을 충만하게 하시는 이의 충만함이니라(1:23).

하나님의 모든 충만하신 것으로 너희에게 충만하게 하시기를 구하노라(3:19).

교회가 얼마나 놀라운 존재인지 더 분명해졌습니까? 이것이 2장 20절에서 말한 "사도들과 선지자들의 터 위에" 세워진 교회입니다. 어째서 그리스도 위에 세워졌다고 하지 않았을까요? 3장 5절이 그것을 이해하는 열쇠입니다. 이 말은 성령이 오시기 전 곧 예수님께서 사람의 몸을 입고 있으셨을 때는 베드로나 요한 같은 사도들이 하나님의 목적을 알 수 없었다는 뜻입니다. 예수님께서 십자가에 달리시고 부활, 승천하시고 나서 성령이 오셔서 사도들과 선지자들에게 알려주시기 전에는 그 어떤 사람도 또 천사들과 마귀와 그의 졸개들도 하나님의 영원한 계획을 알 수 없었습니다.

문제 4 이제 3장 10절에서 바울이 말한 바 "교회로 말미암아" 다 드러났는데, 그렇다면 하나님의 아들 예수님이 육신의 몸으로 계실 때는 어째서 사도들이 알 수 없었고, 성령이 오신 이후 사도들과 선지자들의 터 위에 세워진 교회를 통해서 나타내셨을까요? 잘 생각해서 답하십시오.

위의 질문에 대한 답은 우리의 신앙에 있어 가장 근본적인 핵심입니다. 이것이 사도들과 선지자들이 증거한 "복음"입니다(3:6, 7). 복음을 지옥에 갈 사람 구출해주는 정도로 알고 있다면 아직 복음의 반의 반도 알지 못하는 것입니다. 또 복음이 무슨 '천국 가는 길 안내서' 도 아닙니다. 복음은 곧 예수 그리스도 전부를 가리키는 말입니다. 그래서 바울이 "그리스도의 비밀"이라고 했던 것입니다(3:4). 복음은 어떤 '것' 이 아니고 어떤 '분' 에 관한 것이기 때문입니다.

따라서 복음을 안다는 것은 인격이신 예수 그리스도를 만나서 그분을 알고 또 알아가는 교회생활을 가리킵니다. 이것은 위에서 이미 언급한바 하나님의 모든 충만이 교회 안에 가득해지는 것을 말합니다. 교회가 하나님의 생명이 넓어진 예수 그리스도의 몸이요 신부이기 때문입니다. 이 생명이 지체들이 하나가 되어 이루는 몸인 교회를 통해 날이 갈수록 계속 커져야 하므로 홀로 육신으로 오셨던 예수님께서 떠나셔야 했던 것입니다.

이제 교회가 얼마나 대단한 것인 줄 알게 되었습니까? 교회가 그냥 아버지, 어머니를 따라 덩달이로 출석하는 곳이 아니라는 것이 명백해지지 않았습니까? 복음을 분명하게 이해하고 예수 그리스도 안에 들어와서 교회의 지체로 살아가며 교회가 하나님의 충만으로 충만케 됨을 경험해야 합니다.

간단한 숙제

01 이 단원의 암송구절인 에베소서 3장 3절을 암송한 대로 아래에 써보십시오.

02 이 단원을 마치면서 하나님께 드리고 싶은 기도를 아래에 써보십시오.

제6단원 몸짱 교회

읽을 성경구절 | 에베소서 3장 14절 ~ 4장 16절

오케스트라와 가라오케

생소한 말이었던 '가라오케'가 언제부터인가 우리 귀에 익은 말이 되어버렸습니다. '가라'라는 일본어에 '오케스트라'를 줄인 '오케'라는 말이 붙어서 생긴 신조어입니다. '가라'는 '비어있다'라는 뜻으로써 가라오케는 '텅 빈 오케스트라' 또는 '가짜 오케스트라'라는 뜻입니다. 이것이 요즈음은 노래 반주가 나오는 기계나 노래방을 뜻하는 말이 되었습니다.

가라오케 기계에서 흘러나오는 반주에 맞춰 노래하는 것과 오케스트라 연주의 차이가 얼마나 큰지 알 수 있지요? 보통 노래방이나 집에서 가라오케 반주에 따라 노래를 할 때는 노래하는 사람이 자기 맘대로, 기분 내키는 대로 합니다. 그러나 오케스트라는 수십 명의 단원이 각기 다른 악기들을 연주하는데도 지휘자의 지휘에 따라 아름다운 하모니가 나옵니다. 이는 연주자들이 불협화음을 내지 않기 위해 튀는 연주를 하지 않기 때문입니다.

예수 그리스도가 머리인 교회가 바로 오케스트라와 같습니다. 교회는 가라오케처럼 개인을 도와주기 위해 존재하지 않습니다. 예수님께서는 개개인의 필요를 채워주기 위한 목적으로 교회를 세우지 않으셨습니다. 오히려 우리 각 사람이 아름다운 하모니를 내는 오케스트라와 같은 교회를 세우시길 원하셨습니다. 우리 개개인이 하나로 모여 예수님이 지휘하시는 대로 교회를 세워서 이 세상에 그리스도를 드러내는 것입니다.

하나님께서 창세 전에 세우신 계획이 바로 이것입니다. 우리는 이것을 위해 지금 여기 존재하는 것입니다.

이 단원의 암송구절: 에베소서 4장 13절

우리가 다 하나님의 아들을 믿는 것과 아는 일에 하나가 되어 온전한 사람을 이루어 그리스도의 장성한 분량이 충만한 데까지 이르리니

에베소서 1장에 이어 3장에서 재차 교회를 통해 드러난 비밀의 경륜, 곧 하나님의 영원한 목적에 대해 강조한 사도 바울은 1장에서처럼 기도를 합니다(3:14-19). 편지를 쓰다 말고 두 번씩이나 갑자기 기도하는 것을 보면 바울이 이 "경륜"이란 것에 얼마나 감격하고 있고, 또 흥분하고 있는지를 알 수 있습니다.

그리스 원문에 보면 1장 1~2절의 인사말 뒤에 사도 바울이 길고 긴 문장을 두 개씩이나 연달아 썼습니다. 1장 3~14절과 1장 15~23절이 그것입니다. 문장을 끊지 않고 계속 써내려 갔다는 것은 그만큼 바울이 뭔가에 사로잡혀 감격하고 있었다는 증거입니다.

또 바울이 원래 3장 1절에서 4장 1절 이하의 권면의 내용을 쓰려고 했던 흔적을 발견할 수 있는데, 이것 역시 벅찬 감격을 주체할 수 없었던 바울이 권면 하려던 것을 잠시 멈추고 다시 1장에서 꺼낸 이야기를 더 자세하게 설명했음을 알 수 있습니다. 하나님께서 바울이 감격하고 흥분한 것을 사용하시면서까지 주옥같은 3장의 내용을 우리에게 선사하셨습니다.

수십 년에 걸쳐 예수 그리스도와 교회를 알고 경험해온 사도 바울이 말년에 감옥 안에서도 이토록 극도로 감격하고 흥분하는 것은 그만큼 이 하나님의 비밀의 경륜이 복음의 핵심이라는 것을 말해주고 있습니다. 역시 감옥 안에서 쓴 골로새서에서도 이것을 강조한 것이 이를 뒷받침해 줍니다.

에베소서 3장 14~19절의 기도를 가만히 살펴보면 하나님의 영광의 풍성함에서 시작해서 하나님의 모든 충만하신 것으로 교회에 충만하게 함으로 끝납니다. 즉 앞 단원에서 살펴본바 하나님께서 우리(교회)를 통해 자신의 생명의 영역을 넓히고자 하심을 알 수 있습니다. 바로 이것이 우리가 교회로서 존재하는 이유임을 앞에서 계속 강조했는데 바울은 이것을 위해 기도해주는 것입니다. 이것이 또한 우리 기도의 핵심이 되어야 하겠지요.

문제 1 옛날 이스라엘이 광야생활 중 하나님이 거하실 성막(천막 성전)을 완성했을 때 어떤 일이 벌어졌는지 출애굽기 40장 34~35절을 읽고 답하십시오.

01_이스라엘이 가나안 땅에 들어가고 솔로몬왕 시절 하나님이 거하실 성전을 완성했을 때 어떤 일이 벌어졌는지 열왕기상 8장 10~11절을 읽고 답하십시오.

02_이 세상에 하나님 아버지께서 거하시는(성막이라는 뜻) 육신이 되어 오신 예수 그리스도는 어떤 모습이었는지 요한복음 1장 14절을 읽고 답하십시오.

03_사람의 몸으로 오셨던 예수님이 떠나시고 난 후 세워진 성전, 즉 예수 그리스도의 또 다른 몸에 대해 사도 바울은 "교회는 그의 몸이니 만물 안에서 만물을 충만하게 하시는 이의 충만함"(1:23)이라 했고, 또 "성전"이요 "하나님이 거하실 처소"(2:20-21)라고 했는데, 어떻게 하면 교회가 하나님의 모든 충만으로 충만해질 수 있겠습니까? 3장 14~19절의 사도 바울의 기도를 토대로 잘 생각해보고 답하십시오.

이제 4장 1절부터는 사도 바울이 하나님의 목적을 분명히 깨달은 교회가 구체적으로 교회생활을 어떻게 해야 하는지를 권면하고 있습니다. 하나님께서 목적을 가지고 우리를 부르셨다는 것을 안다면 그것에 "합당하게" 행하라는 것입니다. 하나님의 사람답게, 즉 '예수님짜리답게' 살라는 것입니다. 다음 단원에서 구체적으로 이것에 대해 살펴보겠지만, 교회가 "부르심을 받은 일에 합당하게" 행하는 가장 우선된 것이 무엇인지를 알아야 합니다. 다음 구절들이 그것을 보여줍니다.

평안의 매는 줄로 성령이 **하나 되게** 하신 것을 힘써 지키라(4:3).

우리가 다 하나님의 아들을 믿는 것과 아는 일에 **하나가 되어** 온전한 사람을 이루어 그리스도의 장성한 분량이 충만한 데까지 이르리니(4:13).

보셨습니까? 교회 안에서 모든 지체들의 '하나' 됨이 다른 무엇보다도 최우선이 되어야 함을 알 수 있습니다. 그래서 바울은 교회라는 "몸이 하나"인 사실부터 시작해서 계속 "하나"를 강조하고 있습니다(4:4-6). 교회가 4장 3절에서 권면한 '평안으로 하나 되는 것'에 힘쓰지 않으면서도 많은 활동과 사업과 선교 같은 것을 할 수 있습니다. 하지만 이것은 마치 집 안에서는 아버지와 어머니와 형제 · 자매들이 서로 미워하고 불화하면서 밖에 나가서만 제각각 이런저런 일에 몰두하는 것과 매한가지입니다.

하나 되지 않은 교회에 하나님께서 충만하실 수 없습니다. 교회가 그리스도의 몸이라고 한 것은 우리 육신의 몸의 원리와 같다는 것을 강조하기 위함입니다. 즉 몸의 지체인 눈이나 입, 손과 발이 전체 몸과 상관없이 제 맘대로 움직인다면 정상적인 몸이 될 수 없듯이 교회도 마찬가지입니다. 교회 안에서 우리 각 사람이 그리스도께서 주신 "선물의 분량대로"(4:7) 또 "각 지체의 분량대로"(4:16) 자기 분수를 지킬 때 진정 하나가 될 수 있습니다.

문제 2 이렇게 하나가 되기 위해 교회 안에서 우리가 꼭 가져야 할 태도 몇 가지를 바울이 언급했는데 4장 2절을 읽고 한 가지씩 자신의 말로 풀어 설명해보십시오.

예수님께서 교회 안의 각 지체에게 "분량대로" 주신 선물(은사)의 목적은 단 하나입니다. "그리스도의 몸을 세우려 하심이라"(4:12), "세우느니라"(4:16) 이것입니다. 하나님께서 충만하게 거하실 그리스도의 몸이 올바로 세워지는 것입니다. 여기서 바울이 '세우다' 라는 말을 사용한 것에 주목해야 합니다. 집 짓는 것을 예로 든 것입니다. 2장 20~22절에서 바울이 이미 언급한 내용입니다.

문제 1 을 살펴본 것도 이것을 바로 이해하기 위함입니다. 하나님은 이미 구약시대부터 이것을 암시해오시다가 드디어 예수님의 교회를 통해 다 드러내셨음을 확인하려고 한 것입니다. 하나님께서 천이나 돌이나 육신으로 지은 집이 아닌 하나님의 생명을 받은 예수님짜리 각 지체들이 하나된 집에 사시겠다는 것입니다. 그런 집에 충만히 거하셔서 하나님의 생명의 영역을 넓히시려는 하나님의 이 목적이 이제 분명히 이해되십니까?

따라서 교회가 하나님께서 거하시는 집이요 성전이라는 것을 알 때 오늘날 우리의 교회가 어떻게 세워져야 하는지에 대한 모든 답이 나옵니다. 집을 짓는 것이 하루아침에 될 수 없고 시간과 땀과 수고를 들여 재료들을 다듬어 그것들을 하나로 연결해야 하므로 바울이 4장 3절에서 "힘써 지키라"고 한 것입니다. 교회가 쉽게 저절로 세워지지 않는다는 것입니다.

교회 안의 각 지체는 하나님의 목적을 이루기 위해 존재하는 것이지 자신의 유익과 만족을 성취하기 위해 교회생활 하는 것이 아닙니다. 교회당 안에 모여 있을 뿐, 하나 되는 것보다 자기주장과 개인의 관심사에 몰두해있다면 교회가 세워질 수 없습니다. 이것은 마치 집을 짓는 데 사용되어야 할 돌이 크기나 모양을 제 맘대로 만드는 것과 같습니다. 우리는 이런 신앙생활에서 탈피해 하나 되는 교회를 세워야 합니다.

문제 3 예수님께서 십자가에 달리시기 전날 밤에 제자들만 따로 데리고 말씀하신 후 하나님 아버지께 기도하신 내용은 '제자들(교회)이 하나가 되는 것'이었습니다. 요한복음 17장 11절, 21~23절을 읽고 이것을 확인하여 교회가 하나 될 때 나타나게 될 결과가 무엇인지를 써보십시오.

그럼 무엇에 하나가 되는 것이 진정 교회를 하나 되게 하는 것일까요? 4장 13절에서 바울이 "우리가 다 하나님의 아들을 믿는 것과 아는 일에 하나가 되어"라고 했습니다. 교회는 하나님의 아들이신 예수 그리스도에게 모든 초점을 맞추어야 합니다. 교회가 그리스도를 깊이 알고 그분에게 인생을 거는 사람들로 하나가 되어야지 다른 것들로 하나가 되어서는 안됩니다.

이것으로 하나가 될 때 교회가 "온전한 사람" 곧 성숙한 인격체임이 드러나서 그리스도의 장성한 분량이 충만한 수준으로 올라갑니다(4:13). 교회는 무슨 단체나 건물이 아니고 인격체이신 예수 그리스도께서 끔찍이 사랑하시는 소녀입니다. 따라서 예수님의 수준에 어울리는 짝이어야 하므로 성숙해야 하고 장성한 분량이 되어야 하는 것은 당연합니다. 그래야 예수님과 하나가 되어 하나님의 생명이 넓어집니다.

그래서 "어린 아이"같이 미숙한 교회의 수준을 벗어나서 예수님의 온전한 수준에 어울리도록 자라나야 합니다(4:14-15). 아니면 어린 아이가 누가 꾀면 잘 넘어가듯이 교회도 이 세상의 "속임수와 간사한 유혹에 빠져" 세상의 사상과 교리와 가치관에 의해 우왕좌왕하게 됩니다. 머리와 몸이 따로 놀 수 없듯이 머리 되신 그리스도와 교회가 수준이 다르면 곤란하다는 것입니다. 그래서 바울이 "그에게까지 자랄지라 그는 머리니 곧 그리스도라"고 한 것입니다(4:15).

문제 4 앞에서는 교회를 집 짓는 것에 비유했는데, 4장 16절에서는 지체들이 연결되어 건강하게 자라는 몸에 비유했습니다. 그럼 이렇게 되려면 교회 안에서의 각 지체의 역할은 무엇이라고 생각되십니까? 잘 생각해서 답하십시오.

에베소서 4장 11절에 보면, 사람의 몸으로 오셨던 예수님께서 이 땅을 떠나시면서 교회라는 몸을 세우는 데 필요한 일꾼인 지도자들을 삼으신 것을 알 수 있습니다. 이들이 자신의 역할을 충실히 이행하고 지체들은 그들을 순종하고 배우고 본받음으로 "온전하게 하여 봉사의 일을 하게" 되어 그리스도의 몸인 교회가 올바로 세워지는 것입니다(4:12).

"온전"이란 말은 물론 신앙의 성숙을 뜻합니다. "봉사의 일"은 다른 지체들에게 예수 그리스도를 드러내고 보여주므로 섬기는 것을 뜻합니다. 서로 그렇게 해야만 교회 안에서 "하나님의 아들을 믿는 것과 아는 일에 하나"가 될 수 있습니다. 교회의 지도자들은 성도들이 그리스도를 잘 알고 믿도록 복음의 말씀을 가르치고 훈련해서, 각 사람이 자신이 경험한 그리스도를 다른 성도들 앞에 드러내도록 하는데 그 사명이 있습니다. 이것이 바로 "능히 모든 성도와 함께 지식에 넘치는 그리스도의 사랑을 알고"(3:18)의 의미이고, 4장 15절의 "사랑 안에서 참된 것을 하여"(진리의 말씀을 서로 주고 받는 것을 말함)의 의미입니다. 이것이 진정한 하나됨 입니다.

이렇게 될 때 머리이신 그리스도에 걸맞은 몸으로서의 교회가 됩니다. 말하자면 '몸짱 교회' 가 되는 것입니다. 이런 교회가 그리스도와 하나를 경험하게 되고, 이런 교회에 하나님께서 충만히 거하시게 되는 것입니다.

간단한 숙제

01 이 단원의 암송구절인 에베소서 4장 13절을 암송한 대로 아래에 써보십시오.

02 이 단원을 마치면서 하나님께 드리고 싶은 기도를 아래에 써보십시오.

우린 예수님짜리

제7단원 예수님짜리답게

읽을 성경구절 | 에베소서 4장 17절 ~ 5장 21절

세 소년 이야기

사람들은 성경에서 가장 돋보이게 출세한 사람으로 요셉, 다윗, 다니엘을 꼽습니다. 요셉은 그 당시 세계 최강국인 애굽(이집트)의 총리가 되었고, 다윗은 일개 목동에서 이스라엘의 왕이 되었고, 다니엘 역시 그 당시 최강국인 바벨론과 메대와 바사의 총리를 지냈습니다. 그래서 이 세 사람은 오늘날 성공을 꿈꾸는 사람들의 기도제목에 단골로 등장하곤 합니다.

하지만 이 셋이 오늘날 나타나서 자신들의 이름이 이런 목적으로 기도에 오르내리는 것을 본다면 아마 어리둥절해 할 것입니다. 왜냐하면 정작 그들은 한순간도 출세를 바란 적이 없었기 때문입니다. 성경 어디도 그들이 왕이나 총리가 되려는 목표를 세우고 매진했다는 기록은 없습니다. 다만 그들은 자신들의 처한 환경에서 하나님의 사람답게 살아가길 원했습니다. 그리고 그런 그들을 하나님께서 쓰시기 위해 그런 자리에 두신 것뿐입니다.

그러므로 중요한 것은 그들의 성공이 아니라 그들의 몸에 배어 있던 하나님의 사람다움, 즉 신앙과 성실함입니다. 그런데 이것은 하루아침에 생기는 것이 아닙니다. 성경에 보면 이들은 이것을 소년 시절 때부터 드러내고 있었다는 것을 알 수 있습니다. 셋 다 소년 시절에 찾아온 위기와 유혹을 신앙과 성실함으로 극복했습니다. 매사에 하나님을 의식하고 아버지인 야곱과 이새에게 순종했던 소년 요셉과 다윗, 그리고 적국에 볼모로 잡혀가서도 신앙을 지켰던 소년 다니엘을 본받아야 합니다.

오늘날도 온갖 유혹과 위험이 도사리는 이 세상의 환경 속에 사는 우리는 이 세 소년처럼 신앙과 성실함으로 예수님짜리답게 이겨내야 합니다.

이 단원의 암송 구절: 에베소서 5장 17~18절

그러므로 어리석은 자가 되지 말고 오직 주의 뜻이 무엇인가 이해하라 술 취하지 말라 이는 방탕한 것이니 오직 성령으로 충만함을 받으라

지금쯤은 '예수님짜리'가 어떤 존재인지에 대해 더 분명히 이해되었을 것입니다. 예수 그리스도 안에 들어온 사람들은 하나님의 "사랑을 받는 자녀"입니다(5:1). 따라서 이런 존재에 걸맞게 사는 것이 당연하고, 또 이제 "하나님을 본받는 자"로 살아야 합니

다. 아니, 하나님을 본받다니 이건 좀 주제넘은 과장된 표현이 아닐까요?

그렇지 않습니다. "사랑을 받는 자녀"가 아버지를 본받지 않는 것이 오히려 이상한 것입니다. 강아지에게 사람답게 살라고 한다든지, 도둑이나 강도에게 경찰답게 살라고 한다든지, 학교 문턱도 안 밟아본 사람에게 학생답게 살라고 한다든지, 일본 극우파에게 배달의 민족답게 살라고 한다면 그건 불가능합니다. 마찬가지로 하나님의 생명을 받은 적이 없는 사람에게 하나님의 자녀답게 살라고 할 수는 없습니다. 하나님의 생명을 받아 자녀가 되고 예수님짜리가 된 것을 전제로 하나님을 본받으라고 권면한 것입니다.

물론 이것이 가능해지려면 앞 단원에서 살펴본 바와 같이 교회 안의 성도들이 "하나"가 되는 것이 선행되어야 합니다. 이것을 바탕으로 해야 예수님짜리답게 살라는 사도 바울의 구체적인 권면이 효력을 발생할 수 있습니다. 우리가 교회로서 이 세상과 구별된 삶을 살아야 함을 바울은 "이제부터"(4:17), "다시"(4:28), "전에는", "이제는"(5:8)이라는 말을 사용하여 설명하고 있습니다. 하나님의 생명이 없던 그리스도 밖에 있었을 때의 삶과 구분되어야 함을 강조한 것입니다.

문제 1 우리가 우리 자신의 어떤 영역에서 이 세상과 구별되게 살아야 할지 아래의 성경구절들을 토대로 써보십시오.

01_4:17-18

02_4:25, 29, 31; 5:3-4

03_4:28; 5:2, 8, 11-12

엄밀하게 따진다면 위의 세 영역을 따로 떼어놓기란 매우 어렵습니다. 왜냐하면 우리의 겉으로 드러나는 행동이 실은 속에서부터 발전하여 나오는 것이기 때문입니다. 인간이 하나님께 범죄하였을 때 어떤 한 부분이 타락한 것이 아니고 근본적이고 총체적으로 잘못되었으므로 우리의 모든 영역이 다 영향을 받았습니다. 성경은 이것을 "옛 사람"이라고 부르는데(4:22), 그리스도 안에 들어온 후에도 이 옛 사람 때문에 이 세상과 구별되게 사는 데 있어 애를 먹는 것입니다. 그러나 하나님께서 지으신 그리스도 안의 "새 사람"이 있기 때문에(4:24) 구별된 삶을 살 수 있게 되었습니다.

그러므로 이제 예수님짜리답게 살기 위해 옛 사람을 벗어버리고 새 사람을 입는 것은 우리의 몫이라고 바울이 권면합니다

(4:22-24). 이것은 매일 삶 가운데 그리스도께 속한 진리의 삶이 무엇인지 가르침을 받은 대로(4:20-21) 잘 분별해서 조심스럽게 선택하고 결단하는 과정입니다. 우리가 더러운 옷을 벗고 새 옷으로 갈아입는 것의 절차를 설명하자면 다음과 같습니다.

1. 입고 있는 옷이 더럽다는 것을 알아야 한다.
2. 더러운 옷을 벗고 싶은 마음이 생겨야 한다.
3. 갈아입을 새 옷이 있어야 한다.
4. 새 옷으로 갈아입고 싶어야 한다.
5. 더러운 옷을 벗고 새 옷으로 갈아입는 행동이 있어야 한다.

옛 사람이 더럽다는 것을 알아야, 벗어버리고 싶어집니다. 지금 내가 마음속에 품은 생각이나 입에서 튀어나오는 말이나 몸으로 하는 행동이 옳지 못하다는 것을 알아야, 버리고 싶어진다는 말입니다. 그리고 교회 안에서 배우고 훈련된 그리스도의 진리대로 살고 싶어야만 그 진리를 행동으로 옮길 수 있습니다. 교회생활 속에서 이런 삶이 몸에 밸수록 언제 어디서든지 순간적으로 바른 판단과 행동이 나올 수 있습니다.

그런데 우리는 엄마 뱃속에서 나올 때부터 끊임없이 집어넣은 온갖 가치기준들로 꽉 차 있습니다. 유아기를 거쳐 유년기, 그리고 소년기, 청년기 … 나이가 들수록 이 가치기준들이 굳어져서 그것들에 의해 판단하고, 선택하고, 결정해서 살아가게 됩니다.

이런 가치기준들은 어디서 주워 모은 것입니까? 처음에는 부모님을 위시한 가족으로부터 시작해서 친척들, 친구들, 책, 만화, 영화, 신문, 잡지, 텔레비전, 인터넷 등에서 주워 모아 굳어지게 됩니다. 부모님이나 교회, 학교 선생님, 좋은 친구, 교과서, 위인전, 백과사전 등에서 얻은 좋은 것들도 있지만, 아울러 이 세상의 더럽고 추한 것들이 자기도 모르는 새에 몸에 배게 되는 것입니다. 그러다가 환경에 따라 이런저런 모습으로 그 가치기준들이 말이나 행동으로 드러나게 됩니다.

문제 2 그리스도의 진리대로 살도록 가치기준이 형성되기 위해 당신은 무엇을 할 작정입니까? 구체적인 당신의 계획을 써보십시오.

우리가 사는 이 세상은 하나님을 떠난 죄인들이 계속 망쳐놓은 세상이므로 예나 지금이나 항상 악한 환경이 지배하고 있습니다. 5장 16절의 "때가 악하니라"는 말이 이것을 대변해주고 있습니다. 특히 요즈음은 텔레비전 리모트콘트롤의 단추만 눌러도, 컴퓨터나 휴대폰의 자판만 터치해도, 유·무선 인터넷을 통해 세계 방방곡곡의 온갖 쓰레기와 구정물이 순식간에 쏟아져 나옵니다.

이렇게 악한 세상에서 사는 우리에게 꼭 있어야 할 것이 하나님께서 주시는 "지혜"로 "주의 뜻"을 이해하는 것입니다(5:15-17). 지혜라는 것은 영적인 분별력을 뜻합니다. 이것은 하나님께 속한 것인지 세상에 속한 것인지를 제대로 판단하는 능력이고, 더 나아가서 하나님의 목적에 합당한지 아닌지를 알아내는 능력을 말합니다.

그럼 이런 지혜는 어디서 생깁니까? 물론 하나님께서 주셔야 합니다. 그럼 하나님께서 누구에게 지혜를 주시겠습니까? 당연히

"주의 뜻이 무엇인가 이해"하고자 하는 갈급한 사람들에게 주시겠지요. 하나님이 자신의 뜻에 관심 없는 사람들에게 지혜를 주실 리는 만무합니다. 그러므로 주님의 뜻대로 사는 지혜를 받기 위해 "성령으로 충만함"을 받아야 합니다(5:18). 바울이 교회를 향해 이 권면을 하고 있음을 알아야 합니다. 즉 교회 안에서 성도들이 함께 성령으로 충만함을 받아야 한다는 것입니다.

문제 3 성령으로 충만함을 받는다는 것이 무슨 뜻인지 이해하려면 사도 바울이 왜 술 취하는 것과 성령 충만을 대조해놓았는지 그 의도를 알면 됩니다. 바울이 왜 이렇게 대조했는지를 쓰고 아울러 성령으로 충만함을 받는다는 것이 무엇인지 설명해보십시오.

이렇게 성령으로 충만하게 되어 교회 안에서 나타나는 현상을 바울은 5장 19~21절에서 나열하고 있습니다. 교회 안에 마음속에서 솟아나오는 찬송과 감사가 가득하게 되어 그리스도를 경외하는 것처럼 형제 · 자매들을 존중하고 피차 복종하는 것입니다. 피차 복종한다는 말은 '나를 다른 형제(자매)의 아래에 둔다'는 의미입니다. 이것이 우리에게 다음을 연상시킵니다.

모든 겸손과 온유로 하고 오래 참음으로 사랑 가운데서 서로 용납하고 평안의 매는 줄로 성령이 하나 되게 하신 것을 힘써 지키라(4:2-3).

이것이 예수님짜리 다운 교회의 삶입니다. 그리스도께서 자신을 버리시면서까지 우리를 사랑하신 것 같이 피차 사랑하는 교회의 모습입니다(5:2). 사랑하는 데는 예수님처럼 희생이 따릅니다. 자기 자신으로 꽉 차 있는 이기적인 사람들, 그리스도 안에서 자신이 어떤 존재인지를 알지 못하는 사람들, 하나님의 목적에 관심 없는 사람들은 이런 삶을 살 수 없습니다.

문제 4 이 세상에서도 자신의 신분과 가치기준에 따라 그만큼 관심과 책임도 큰 것을 알 수 있는데, 아래의 신분에 해당되는 빈칸을 채워보십시오.

신 분	관심과 책임
대통령	
대사	
국가대표선수	
군인	
학생	

이처럼 신분에는 그 신분에 걸맞은 책임이 따라오게 되어 있습니다. 그리고 항상 그 책임을 완수하고자 거기에 관심을 집중하게 되어 있습니다. 예수님짜리도 마찬가지 입니다. 그렇기 때문에 앞 단원들에서 끊임없이 우리가 그리스도 안에서 어떤 존재인지를 강조했던 것입니다.

1920년대에 인도의 한 늑대 굴에서 선교사에 의해 발견되었다는 여덟 살과 두 살쯤 되는 여자 아이에 관한 이야기가 있습니다. 발견될 당시 그들은 분명한 사람인데도 행동은 늑대나 다름없었습니다. 말은 당연히 할 줄 몰랐고, 늑대처럼 울부짖으며 네 발로 기고 뛰었습니다. 음식도 고기만 먹었습니다. 그리고 늑대처럼 멀리서도 냄새를 잘 맡았고, 밤이 되면 눈에서 빛이 나며 캄캄한 데도 곧잘 보곤 했습니다. 그런데 이들은 늑대 굴에서 인간사회로 옮겨진 후, 두 살짜리는 1년 후에 죽었고, 여덟 살짜리는 9년을 더 살다가 죽었습니다. 아주 슬픈 이야기이지요.

여기서 우리가 꼭 생각해봐야 할 것이 있습니다. 그 아이들에게 과연 인간사회가 더 월등하다는 것이 먹힐까 하는 것입니다. 늑대처럼 사는 것이 오히려 훨씬 편하고 만족스러운데 사람들이 붙잡아놓고는 불편한 옷을 입히고, 먹기 싫은 음식을 들이대고, 힘들게 두 발로 서서 걸으라고 하고, 또 뜻 모를 말만 가르치는 등 고통스럽게 하니 늑대 굴로 돌아가고 싶은 생각이 굴뚝 같았을 것입니다. 그들에게 인간사회에서 사는 것이 늑대 굴에서 사는 것보다 더 낫다고 어떻게 이해시킬 수 있겠습니까?

사실 그들을 그냥 풀어주고 맘대로 살라고 하면 늑대 굴에서 아무런 인생의 고민도 문제도 없이 잘 살았을 것입니다. 그러므로 이들에게 인간사회가 더 월등하고, 더 만족스럽고, 더 행복한 사회라는 것을 이해시키기가 여간 힘들지 않다는 것입니다. 그러나 그들에게 꼭 해줘야 할 말이 있습니다. 그것은 "너희는 사람이기 때문에 사람의 사회에서 사람답게 살아야 한다"는 것입니다.

이것은 하나님께서 우리에게 하시는 말씀과 상통합니다. "너희가 부르심을 받은 일에 합당하게 행하여"(4:1), "사랑을 받는 자녀같이 너희는 하나님을 본받는 자가 되고"(5:1), "빛의 자녀들처럼 행하라"(5:8). 이 모두가 예수님짜리답게 살라는 말씀입니다. 우리는 이제 우리의 존재를 확인한 교회로서 이렇게 살 수 있습니다.

간단한 숙제

01 이 단원의 암송구절인 에베소서 5장 17~18절을 암송한 대로 아래에 써보십시오.

02 이 단원을 마치면서 하나님께 드리고 싶은 기도를 아래에 써보십시오.

제8단원 귀신 잡는 군대

읽을 성경구절 | 에베소서 5장 22절 ~ 6장 24절

허드슨 강의 기적?

2009년 1월 15일, 155명을 태운 여객기가 미국 뉴욕의 공항을 이륙하자마자 1분도 채 못되어 사고를 당했습니다. 헤아릴 수 없이 많은 새떼가 두 개의 엔진 속으로 빨려 들어가면서 엔진의 작동이 멈추어버렸기 때문입니다. 그런데도 이 비행기는 3분쯤 후 허드슨 강물 위에 착륙하여 탑승객 전원이 구조되었습니다. 이 소식이 전해지자마자 뉴욕시의 시장을 비롯한 방송과 신문 매체들은 이를 '허드슨 강의 기적'이라고 불렀습니다.

하지만 전문가들은 그것은 기적이 아니라, 그 여객기의 기장인 설렌버거가 그동안 받아온 철저한 훈련과 오랫동안 쌓아온 경험의 산물이라고 평했습니다. 왜냐하면 그는 7년간의 공군전투기 조종을 포함해서 40년 동안 모두 19,000시간의 비행경력과 조종 교관, 비행사고 조사관, 조종사협회 안전위원장 등을 두루 역임한 베테랑이었기 때문입니다. 그리고 여기에 엔진이 멈출 때와 같은 긴급 시의 조종기술인 글라이딩 자격증까지 갖고 있었습니다.

사고 당시 설렌버거는 공항으로 돌아가면 뉴욕 맨해튼의 빌딩숲을 통과해야 하는데 그러면 수많은 목숨을 앗아갈 위험이 있으므로 순간적인 기지를 발휘해 허드슨 강을 착륙지점으로 택했습니다. 그리고 구조대가 속히 올 수 있도록 보트에 가까운 지점을 정해 절묘한 비행기술로 그곳에 비행기를 안착시켰던 것입니다.

설렌버거의 평소 갈고 닦은 훈련과 오랜 경험이 위기를 극복했듯이 우리도 교회로서 위기를 당할 때나 원수의 공격을 받을 때 이겨낼 수 있도록 훈련되어 있어야 합니다. "하나님의 전신 갑주"가 바로 이것을 말하는 것입니다.

이 단원의 암송구절: 에베소서 6장 10~11절

끝으로 너희가 주 안에서와 그 힘의 능력으로 강건하여지고 마귀의 간계를 능히 대적하기 위하여 하나님의 전신 갑주를 입으라

앞 단원에서 예수님짜리답게 살 때 나타나는 결과로 교회 안에서 "피차 복종"해야 함을 살펴보았는데, 이것은 교회 안에 있는 지체들 사이의 모든 관계성에 다 적용되는 원리입니다. 그래서 사도 바울은 이 원리를 바탕으로 그 당시 교회들 안의 "아내들", "남편들", "자녀들", "아비들", "종들", 그리고 "상전들"을 거명하며 권

면하고 있습니다(5:22-6:9).

남편과 아내의 부부관계는 앞에서 그리스도와 교회의 관계를 설명하면서 이미 다루었으므로 여기서는 주로 "자녀들"과 "아비들"에 초점을 맞추겠습니다. 물론 우리가 꼭 기억해야 할 것은 각자 자기에게 해당되는 권면에 집중해야 한다는 사실입니다. 아내는 아내에게 주신 권면에만, 남편은 남편에게 주신 권면에만, 자녀들은 자녀들에게 주신 권면에만 신경을 곤두세워야 합니다.

그런데 인간은 죄인인지라 상대방에게 주신 권면에 지대한 관심을 두고 그 내용을 통달해서 상대방을 공격할 때 무기로 사용하려고 듭니다. 종종 삐딱한 자녀들이 "아비들아 너희 자녀를 노엽게 하지 말고"(6:4)라는 구절에 줄을 치고 달달 외워서 아버지에게 대들 때 그 말씀을 써먹곤 하지요. 이런 걸 '주제 파악이 안되었다' 라고 합니다. 물론 아버지는 위의 말씀을 늘 새기면서 자녀를 사랑으로 대해야 하지만, 자식은 주제넘게 월권 하지 말고 자신에게 해당되는 말씀에 집중하여 그것을 잘 지켜야 합니다.

예수님짜리 다운 자녀는 부모님에게 "순종"하는 자녀입니다(6:1). 순종이라는 말은 '아래에서 듣는다' 는 뜻입니다. 바울은 여기서 이 단어를 "자녀들"과 "종들"에게만 사용했습니다. 왜냐하면 이 단어가 질서를 잡아주는 말이기 때문입니다. 아래에서 듣는 것은 상대방 밑에 자신의 몸을 굽히든지, 무릎을 꿇든지, 낮춰진 자세에서만 가능합니다. 쉬운 말로, 맞먹을 수 없다는 것입니다. 그래서 자녀는 부모님과 맞먹는 것이 아니라 부모님의 질서 밑에 있는 것입니다.

옛날에는 서양이든 동양이든 관계없이, 종들은 말할 것도 없이, 자식은 부모님 앞에서 실지로 몸의 자세를 낮춰야 했습니다. 순종의 표시로 그렇게 한 것입니다. 요즈음 이 세상의 풍조는 모든 권위를 부정하고 절대적인 것이 없다는 쪽으로 치닫고 있지만, 교회는 결코 이런 풍조를 따라서는 안됩니다. 왜냐하면 "이것이 옳으니라" 즉, 부모님을 순종하는 것은 선택의 여지가 없이 하나님께서 보실 때 정당한 일이기 때문입니다. 이것이 주님의 말씀이므로 부모님을 순종하는 것은 곧 하나님을 순종하는 것입니다. 물론 부모님의 말씀이 하나님의 뜻에 어긋나는 것은 예외이지만 말입니다.

문제 1 사도 바울이 왜 부모에게 순종하는 것을 "약속이 있는 첫 계명"이라고 했는지 출애굽기 20장 1~17절을 토대로 답하십시오.

_그 계명의 내용을 출애굽기에 있는 대로 써보십시오.

그런데 부모님을 공경하면 무조건 글자 그대로 "잘 되고 땅에서 장수"하게 됩니까? 그렇지 않다는 것쯤은 다 알 것입니다. 왜냐하면 우리 주위에 효자, 효녀들이 별로 잘 되는 일도 없고 일찍 죽는 일도 있기 때문입니다. 이 말씀은 이제 예수 그리스도께서 오셔서 새로 창조하신 세계의 눈으로 이해해야 합니다. "여호와가 네게 준 땅에서 네 생명이 길리라" 즉, 이 세상이 아닌 하나님의 세계인 교회 안에서의 행복한 가정으로 해석해야 합니다.

비록 죽음이 일찍 찾아와 이 세상에서의 삶이 시간상으로는 짧을 수 있습니다. 하지만 우리는 그리스도 안에서 진정 하늘에 속한 영적인 복을 누리며 살므로 단 한 달, 또는 일 년을 살아도 영원한 천국을 누리며 살 수 있습니다. 부모님과 자식 사이에 미움과 불화로 가득한 가정에서 100년을 산들 무슨 낙이 있겠습니까? 주님의 말씀을 따라 부모님께 순종할 때 하나님의 약속이 성취되는 교회 안의 가정이 될 수 있습니다. 이 세상 사람들이 볼 때는 일이 잘 안풀릴지라도, 삶이 넉넉지 못할지라도, 건강문제로 고통 속에 있을지라도 하나님의 말씀에 순종하면 하늘의 삶을 이 땅에서도 경험할 수 있음을 알아야 합니다.

문제 2 당신은 부모님 말씀에 순종하는 사람입니까? 자신이 순종하는 사람인지 아닌지를 스스로 평가해보고, 위에서 살펴본 하나님의 말씀에 입각해서 당신이 앞으로 어떻게 할 것인가를 솔직하게 써보십시오(부모님이 안 계시더라도 순종은 내 위에 있는 권위, 곧 교회의 지도자들 및 선생님들과의 관계에도 똑같이 적용되는 것임을 알아야 합니다).

사도 바울은 편지를 마치기 전 "끝으로"라고 하며 권면을 했는데, 이 권면을 '영적 전쟁'에 관한 것으로 시작하고 있습니다(6:10-17). 여기서 바울이 강조하고자 하는 것은 누구의 싸움인가, 그리고 싸움 상대가 누구인가 하는 것입니다. 전쟁에 무조건 나가 열심히 싸운다고 이기는 것이 아니라 누가 싸우느냐에 따라 다르고, 또 적이 누군지 알아야 이길 수 있습니다. 마찬가지로 우리도 누가 싸울 것인가와 적의 정체가 무엇인가에 대해 바로 알지 못하면 승리할 수 없습니다.

우선 누구의 싸움인지를 바로 알아야 합니다. 바울이 여기서 말하는 싸움은 '개인'을 말하는 것이 아니고 '교회'의 영적 싸움을 말합니다. 전쟁은 군대와 군대 간의 싸움이지 무슨 서부활극 같은 개인전이 아닙니다. 영적 전쟁도 개인전이 아니고 하나님 나라의 군대인 교회와 교회의 적국 군대 간의 전쟁임을 알아야 합니다. "우리의 씨름"이지 '나의 싸움' 이 아님을 먼저 분명히 해야 합니다.

그럼 우리의 적은 누구입니까? "혈과 육"이 아니고 마귀와 그의 졸개인 악의 영들이 교회의 상대입니다. 즉 우리가 '사람' 을 상대로 싸우는 것이 아니라는 것입니다. 우리를 힘들게 하고, 유혹하거나 속이고, 고통을 주고, 망하게 하려는 '사람들' 을 상대로 싸우는 것이 아니라, 그 배후에 "마귀의 간계"가 있음을 파악하고 그 마귀의 군대와 싸워야 합니다. 교회가 이 세상에 있는 동안은 이 세상의 정치, 경제, 사회, 문화, 예술, 미디어 등 … 곳곳에 숨어 있는 "어둠의 세상 주관자들"과 "하늘에 있는 악의 영들"을 상대로 끊임없이 싸워야 합니다.

문제 3 '사람' 상대의 싸움이 아니고 '마귀의 군대' 와의 싸움이라면, 이런 영적 싸움에서 어떻게 하면 승리할 수 있겠습니까? 당신의 생각을 써보십시오.

사담 후세인의 이라크와 미국 간의 전쟁에서 이라크가 삽시간에 패배한 것을 알고 있지요? 이라크가 속수무책으로 당했던 것은 미국의 최첨단 신무기 때문이었는데, 그중 가장 놀랄 만한 위력을 발휘한 것 중 하나가 산 너머에서 날아오는 폭탄이었습니다. 이것은 육안으로는 아무것도 안 보이는데, 산 너머의 미군 헬리콥터가 인공위성을 이용해 정확하게 이라크군의 탱크들을 폭격했습니다. 그래서 지상전에서 가장 큰 힘을 보태줘야 할 탱크 수백 대가 대포 한 발 제대로 쏴보지도 못하고 일방적으로 당하고 말았던 것입니다.

마귀의 군대도 이런 식으로 교회를 공격합니다. 겉으로 '우린 악의 영들이다. 어둠의 세력을 주관하는 마귀의 군대다' 라며 공격해오지 않습니다. 유괴범이 '나 유괴하러 왔다' 고 하지 않듯이 마귀도 자신의 정체를 숨기고 이 세상의 사람들과 환경들을 교묘하게 이용해서 공격합니다. 겉으로 핍박하는 것보다 더 무서운 것은 우리도 모르는 새에 잘못된 가치관을 우리 속에 은근슬쩍 심어놓는 것입니다. 또 성도들 사이에 분열을 일으켜 교회를 위태롭게 하기도 합니다. 그래서 인간적인 지혜와 수단과 방법은 아무리 총동원해도 마귀의 간계를 당해낼 도리가 없습니다.

마귀의 세력을 이기는 길은 마귀가 꼼짝 못할 영적 무장을 하는 것입니다. 사도 바울은 이것을 "하나님의 전신 갑주"라고 했습니다. 바울은 오랜 감옥생활 중 감옥을 지키고 있던 로마 군병들을 보면서 그것을 생각해낸 것 같습니다. 그 당시 세계 최강이었던 로마 군대의 군병들이 허리띠, 호심경, 신, 방패, 투구, 검으로 무장한 것을 보면서 교회도 이렇게 막강하게 무장해야 함을 강조한 것입니다. 바울이 요즈음 살았다면 아마 방탄조끼, 철모, 기관단총, 수류탄, 바주카포, 미사일 … 뭐 이런 식으로 썼을 것입니다.

만약 임진왜란 때 권율 장군의 육군이 기관총, 탱크, 장갑차, 아파치 헬리콥터 등으로 무장하고, 이순신 장군의 수군이 구축함, 전투기와 전폭기들을 탑재한 항공모함, 핵잠수함, 도마호크 미사일 등으로 무장했다면 어땠을까요? 아마 조선군은 한 명도 죽지 않고 수십만의 왜군을 몰살시키고 단 하루 만에 전쟁을 끝냈을 것입니다. 만약 사담 후세인의 이라크 군대도 미군보다 월등한 최첨단무기로 무장했다면 전쟁에 승리했을 것입니다.

마귀의 군대와의 싸움도 마귀보다 더 월등하게 무장을 해야 승리할 수 있습니다. 바울이 말한 진리, 의, 평안의 복음, 믿음, 구원, 하나님의 말씀이 바로 마귀를 물리칠 수 있는 무기입니다. 마귀는 이런 하나님의 전신갑주 앞에 속수무책으로 당할 수밖에 없습니다. 왜냐하면 위의 무기는 전부 다 '예수 그리스도'를 말하는 것이기 때문입니다. 예수 그리스도 외에는 아무도 마귀에게 승리할 수 없습니다. 그런데 그리스도께서 이미 마귀에게 승리하셨으므로 교회 안의 성도들이 철저하게 훈련받아 무장만 하면 그리스도의 승리에 동참하게 되는 것입니다. 그러므로 교회 안에 그리스도가 충만할 때 마귀는 감히 그런 교회를 넘보지 못할 것입니다.

문제 4 예수 그리스도께서 언제 어디에서 마귀에게 승리하셨는지 골로새서 2장 13~15절을 토대로 답하십시오.

_사도 바울이 말한 무기들이 왜 예수 그리스도를 뜻하는 것인지에 대해 곰곰이 생각해보고 그 이유를 써보십시오.

사도 바울의 마지막 권면은 "기도"에 관한 것입니다(6:18-20). 기도는 하나님과의 영적 교제이며 대화하는 것입니다. 무작정 나의 소원성취를 위해 하나님께 비는, 이 세상 사람들의 종교행위 같은 것이 아닙니다. 하나님의 마음과 우리의 마음이 서로 오고 가는 통로가 기도라는 것입니다. 기도는 하나님의 목적과 뜻이 성취되는 것과 밀접한 관계가 있습니다. 사도 바울이 다음과 같은 기도를 권고한 것을 보면 알 수 있습니다.

* 무시로(항상) 성령 안에서 하는 기도(하나님과의 교제)
* 깨어 있는 기도(감사하는 삶 - 골로새서 4장 2절을 참조할 것)
* 성도들을 위한 기도
* 복음의 비밀을 전하는 일꾼들을 위한 기도

기도에 대해서는 교회 지도자들로부터 계속 훈련받고 실지로 기도생활을 충실히 해봐야 알 수 있습니다. 다만, 여기서 꼭 강조하고 싶은 것은 교회의 일꾼들이 "복음의 비밀을 담대히 알리게" 기도해줘야 한다는 것입니다. 왜냐하면 기도를 해주지 않으면 "당연히 할 말"도 할 수 없기 때문입니다. 우리 예수님짜리가 이 세상에 존재하는 이유는 우리를 통해 교회가 바로 세워져서 하나님의 목적이 이루어지는 것에 있습니다. 그래서 우리는 이런 기도에 힘써야 합니다. 왜냐하면 우리는 이미 하늘에 속한 모든 영적인 복을 받았기 때문입니다.

간단한 숙제

01 이 단원의 암송구절인 에베소서 6장 1~11절을 암송한 대로 아래에 써보십시오.

02 이 단원을 마치면서 하나님께 드리고 싶은 기도를 아래에 써보십시오.

끝맺는 말 너 왜 날 때리니?

이제 우리는 예수님짜리가 어떤 존재인지 알았습니다. 예수 그리스도께서 자신을 희생하시고 사신 교회와 그 안의 지체들을 일컫는 말입니다. 자신의 몸인 교회를 끔찍이 아끼고 사랑하시는 예수님께서 교회를 이루는 지체인 당신을 얼마나 귀하게 여기시는지 이젠 알 수 있겠지요? 하늘에 속한 모든 영적인 복을 받은 복돌이와 복순이요, 우주 최고 걸작품이요, 그리스도의 공동 상속자요, 그리스도의 신부요, 그리스도와 함께 하늘에 앉히신 바 된 존재라는 것이 믿어지십니까?

그러므로 그리스도의 몸과 그 지체들을 우습게 여기는 것은 곧 예수님을 우습게 여기는 것과 같습니다. 사도 바울은 이것을 예수님을 처음 만나는 순간 철저히 깨달았던 것 같습니다. 사도행전 9장에 보면, 예루살렘과 유대 땅의 교회들을 핍박하는 것에 그치지 않고 다메섹에 있는 성도들까지 잡으러 원정 가고 있던 사울(바울)에게 예수님께서 나타나셔서 "사울아 사울아 네가 어찌하여 **나를 박해하느냐?**"라고 물으셨습니다. 바울이 이전에 한 번도 예수님을 만난 적이 없었는데 어째서 예수님께서 이렇게 말씀하셨을까요?

누가 내 몸을 마구 때릴 때 우리는 뭐라고 합니까? "야, 너는 왜 내 눈과 내 코와 내 귀와 내 얼굴과 내 어깨와 내 팔과 내 가슴과 내 배와 내 허벅지와 내 정강이와 내 발을 때리니?"라고 하는 사람은 없습니다. 얻어맞으면서 아파죽겠는데 그런 식으로 말하는 사람이 어디 있습니까? 그냥 **"너 왜 날 때리니?"** 이 한마디면 다 통합니다. 왜냐하면 맞은 부위 모두가 다 내 몸에 붙은, 떼려야 뗄 수 없는, 지체이기 때문입니다.

예수님께서 바울에게 바로 이렇게 말씀하신 것입니다. 왜냐하면 예수님의 몸인 교회를 괴롭히는 것이 곧 예수님을 괴롭히는 것이기 때문입니다. 머리이신 예수님과 몸인 교회는 하나이기 때문입니다. 교회가 이토록 예수님의 사랑을 받는 존재라는 것을 바울은 예수님을 처음 만났던 날 깊이 새겼을 것입니다.

그래서 나중에 자신이 세운 고린도 교회의 교인들이 교회 안에서 파당을 짓고 서로 미워하고 있었을 때 바울은 **"그리스도께서 어찌 나뉘었느냐"**(고전 1:13)라고 꾸짖었습니다. '교회가 어찌 나뉘었느냐' 라고 하지 않았습니다. 또 고린도 교회의 시끄러웠던 은사 논쟁에 일침을 가하면서 다음과 같이 썼습니다.

몸은 하나인데 많은 지체가 있고 몸의 지체가 많으나 한 몸임과 같이 그리스도도 그러하니라(고전 12:12).

역시 '교회도 그러하니라' 고 해야 할 때 "그리스도도 그러하니라"고 했습니다. 왜냐하면 그리스도와 교회가 하나이기 때문입니다. 왜 교회를 가볍게 여기고 우습게 여기면 안 되는지 이제 감이 잡히십니까? 어떤 이유로든 교회에 분란을 일으키고 고통을 줘서는 안됩니다. 그것은 예수님을 갈기갈기 찢어 고통을 주는 것이기 때문입니다. 교회를 등한시하고 교회에 소홀해서도 안됩니다. 그것은 예수님을 무시하는 것이기 때문입니다.

교회가 바로 이런 존재입니다. 우리는 어렸을 때부터, 젊었을 때부터 교회가 어떤 존재인지 분명히 알고 교회를 바로 세우는 일에 헌신해야 합니다. 그러기 위해서는 그 무엇보다 교회의 머리이신 예수 그리스도를 아는데 힘써야 합니다. 학생 때는 과도하게 활동을 많이 하지 말고 학업에 충실하면서 예수님을 알고 경험하는 것에 집중하는 것이 좋습니다. 이것을 위해 철저히 훈련을 받아야 합니다. 그리고 그리스도를 아는 것은 개인의 몫이 아니라 교회의 몫임을 잊으면 안됩니다. 사도 바울이 다음과 같이 강조한 말씀을 꼭 기억하십시오.

> 그에게서 온 몸이 각 마디를 통하여 도움을 받음으로 연결되고 결합되어 각 지체의 분량대로 역사하여 그 몸을 자라게 하며 사랑 안에서 스스로 세우느니라(엡 4:16).

온 몸이 머리로 말미암아 마디와 힘줄로 공급함을 받고 연합하여 하나님이 자라게 하시므로 자라느니라(골 2:19).

소감쓰기

에베소서 공부를 통해 깨닫고 경험한 것들을 토대로 소감문을 써보십시오. 소감문은 내용을 요약하는 것이 아니라, 주님의 말씀에 대한 당신의 느낌, 반응, 적용, 그리고 그 말씀을 경험한 후의 감격과 변화 등을 간추려서 적는 간증을 말합니다.

21c 교회성장과 축복의 통로

교회진흥원 은 기독교한국침례회 총회의 교육, 문서선교 기관으로서 교회의 교육, 목회, 선교활동에 관한 실제적인 연구와 프로그램 개발, 기독교 정보를 제공하고, 자료 출판 및 보급사역을 하고 있습니다.

· 각 연령별 교회학교 공과, 구역공과, 제자훈련 교재, 음악도서를 기획, 출판하고 이와 관련된 각종 강습회를 실시합니다.
· 요단출판사를 운영하며 매년 70여 종의 각종 신앙도서와 제자훈련 교재를 기획, 출판합니다.
· 서울과 대전에 직영서점을 운영하고 있습니다.

요단출판사의 사역정신

그리스도인들의 올바른 신앙성장과 영성 개발에 필요한 신앙도서를 엄선하여 출판, 보급함으로써 이 땅에 하나님나라 확장을 위해 헌신하고 있습니다.

· **F**or God For Church
하나님과 교회의 유익을 위하여 도서를 기획 출판합니다.

· **O**nly Prayer
오직 기도뿐이라는 자세로 사역합니다.

· **W**ay To Church Growth & Blessings
교회성장과 축복의 통로가 되기 위해 사명을 감당합니다.

· **G**ood Stewardship & Professionalism
선한 청지기와 프로정신으로 사역합니다.

· **C**reating Christianity Culture & Developing Contents
각종 문화 컨텐츠를 개발함으로 기독교 문화 창달에 기여합니다.

직 영 서 점

요단기독교서적 교회용품센타	서울특별시 서초구 신반포로 205 반포쇼핑타운 6동 2층 TEL 02) 593-8715~8 FAX 02) 536-6266 / 537-8616(용품)
대전침례회서관	대전광역시 동구 태전로 16 TEL 042) 255-5322, 256-2109 FAX 042) 254-0356
요단인터넷서점	www.jordanbook.com

"그러므로 너희는 가서 모든 민족을 제자로 삼아 아버지와 아들과 성령의 이름으로 침(세)례를 베풀고 내가 너희에게 분부한 모든 것을 가르쳐 지키게 하라 볼지어다 내가 세상 끝날까지 너희와 항상 함께 있으리라 하시니라." _마 28:19~20